Krankenpflegeausbildung
– Berufsausbildung im Abseits

D1731028

Mabuse-Verlag
Wissenschaft   20

Renate Brenner, geboren 1952, arbeitete nach der Ausbildung zur Krankenschwester in der psychosomatischen Abteilung der Universitätsklinik Ulm.
Langjährige Erfahrung und Berufstätigkeit in der gewerkschaftlichen Bildungs-
arbeit. Erziehungswissenschaftliches Studium als Böckler-Stipendiatin an der
J.W. v. Goethe-Universität, Frankfurt am Main, das 1992 mit vorliegender
Diplomarbeit unter dem Titel ,,Der Sonder- als Normalfall. Berufsausbildung
im Abseits weder schulisch noch dual – das Beispiel Krankenpflegeausbildung"
abgeschlossen wurde.

Ihre Arbeitsgebiete sind Berufspädagogik und personenzentrierte Beratung.
Sie ist beim Berufsfortbildungswerk des DGB beschäftigt.

Renate Brenner

Krankenpflegeausbildung
– Berufsausbildung im Abseits

Mabuse-Verlag
Frankfurt am Main

Die Deutsche Bibliothek – CIP-Einheitsaufnahme

Brenner, Renate:
Krankenpflegeausbildung – Berufsausbildung im Abseits /
Renate Brenner. – Frankfurt am Main : Mabuse- Verl., 1994
(Mabuse-Verlag Wissenschaft ; 20)
    Zugl.: Frankfurt (Main), Univ., Diplomarbeit, 1992 u.d.T.: Brenner,
    Renate: Der Sonder- als Normalfall
    ISBN 3-925499-97-0
NE: GT

© 1994 by Mabuse-Verlag GmbH
Kasseler Str. 1a
60486 Frankfurt am Main
Tel.: 069 / 70 50 53
Fax: 069 / 70 41 52

Satz: Dienst & Klapproth, Frankfurt am Main
Druck: F. M.-Druck, Karben
ISBN: 3-925499-97-0
Printed in Germany

Inhalt

„Obwohl fast gar nichts gut ausgeht, wünsche ich mir
bei jedem Verlauf ein gutes Ende."

Martin Walser

1. Einleitung

Die nicht-ärztlichen Gesundheitsberufe befinden sich, Ausbildungsord-
nungen und -regelungen betreffend, im Abseits der Berufsbildung. Es
handelt sich hier weder um eine schulische noch um eine duale Gestaltung
der Berufsausbildung. Dieser Sonderfall im Berufsbildungssystem[1], die
Ausbildung an den „Schulen des Gesundheitswesens", kann exemplarisch an den Pflegeberufen dargestellt werden. Diese Berufe umfassen
den größten Personenkreis[2], und die hier getroffenen Regelungen dienen
häufig als Orientierung für andere Gesundheitsberufe. Der vorgegebene
Rechtsrahmen in Form eines Berufszulassungsgesetzes – hier dem Krankenpflegegesetz – wurde zum Maßstab für andere Gesundheitsberufe.

Als prägend für die Berufsbildung in Deutschland hat sich insbesondere im 19. Jahrhundert das duale System entwickelt. Diese Dualität –
Betrieb einerseits und staatliche Berufsschule andererseits – hat im
Laufe der Geschichte mehr und mehr Berufs- und Wirtschaftszweige in
Industrie, Handwerk, Handel und Dienstleistung erfaßt, das Berufsbildungssystem in der BRD ist durch dieses Dualitätsprinzip dominiert.
Hier haben sich Ordnungs- und Gestaltungsinstrumente entwickelt und
immer mehr konkretisiert. Durch das Berufsbildungsgesetz (BBiG) von
1969 wurde dafür eine einheitliche Rechtsgrundlage geschaffen.[3]

Von diesen Entwicklungen blieben die Gesundheitsberufe, die
Krankenpflegeausbildung weitgehend ausgeschlossen. Die berufspäd-

---

1   Bals 1990
2   1987: 77.025 Pflege- und geburtshilfliches Personal in Ausbildung bei 323.212 Pflegepersonal insgesamt und davon 240.428 Krankenschwestern bzw. Pfleger. Aus: Herausforderungen
und Perspektiven der Gesundheitsversorgung 1990, S. 254
3   Benner 1987

agogischen Fortschritte wie zunehmende Ordnung der Ausbildung, Berufsbildungsforschung und Lehrerqualifikation liefen an ihnen vorbei. Die Berufs- und Wirtschaftspädagogik – ihrerseits nicht der Orchideenzweig der Erziehungswissenschaft – erfaßt den Gesundheitsbereich nur am Rande. Die Formulierung von Kipp (in Anlehnung an Friedrich Engels) bringt diesen Sachverhalt auf den Punkt:

„Allgemeine Bildung ist die berufliche Bildung für die Herrschenden, berufliche Bildung ist die allgemeine Bildung für die Beherrschten."[4]

Weiter zugespitzt läßt sich feststellen, daß auf der einen Seite der Diskurs über das Ende der Moderne in vollem Gange ist, während andererseits dieselbe diverse gesellschaftliche Institutionen noch gar nicht erreicht hat. Im Kontext des Themas dieser Arbeit sind das die Krankenhäuser, allen voran diejenigen in „frei gemeinnütziger" Trägerschaft. Hier gelten häufig noch nicht einmal die hinfälligen Tarifverträge des öffentlichen Dienstes, um nur ein Indiz zu nennen. Die Ausbildungsstruktur verweist bis heute zurück auf das 19. Jahrhundert.

Am Beispiel der Ausbildung im Pflegeberuf sollen in der Arbeit Fragen nach Ursachen und Folgen einer solchen Ausbildungsgestaltung gestellt und beantwortet werden. Vor allem normative, administrative Gesichtspunkte, die *Ordnungsmittel* der Ausbildung sollen verhandelt werden. Eine solche Eingrenzung des Themas scheint notwendig, da die Berufsentwicklung im Pflegebereich schon auf dieser Ebene historisch und aktuell vom allgemeinen Ausbildungsstandard abweicht und somit schon von den Grundlagen her eine weiterreichende Thematisierung erschwert wird.

Durch diese Betrachtungsweise soll jedoch keine Bewertung vorgenommen werden; es geht unter diesem Blickwinkel allein um die Anwendung bzw. Nichtanwendung von üblichen Rechtsnormen. Eine Einschätzung des beruflichen Ausbildungs- und Schulwesens wird in der Arbeit nicht vorgenommen. Eine Rechtfertigung des Bestehenden ist hiermit jedoch nicht intendiert.[5]

---

4   Kipp 1991, S. 17

Zum Aufbau der Arbeit

Nach einer zusammenfassenden Orientierung zum Problemfeld im ersten Abschnitt werden im zweiten und dritten Kapitel Entwicklungslinien des historischen Verlaufs vom 19. Jahrhundert bis in die 60er Jahre des 20. Jahrhunderts nachgezeichnet. Hierbei wird Bezug genommen auf wissenschaftliche Literatur zur Berufsbildungsgeschichte sowie auf die wenigen jüngeren Arbeiten zur Geschichte der Krankenpflegeausbildung (resp. den Ausbildungen im Gesundheitswesen) sowie auf berufspolitische Veröffentlichungen.

Im fünften Abschnitt werden für den Zeitraum von ca. 1970 bis 1985 konkret Fragen der – mangelhaften oder überhaupt nicht stattfindenden – Umsetzung der Minimalvorgaben für die Berufsbildung (festgeschrieben im Berufsbildungsgesetz von 1969) diskutiert. Die Auswertung zeitgeschichtlicher Dokumente erlaubt dabei Einsichten in die Argumentationslinien.

Im sechsten Abschnitt der Arbeit werden Folgen dieses ,,Sonderfalls" der Berufsbildung punktuell herausgearbeitet, durch einen Vergleich zwischen dem Berufsbildungsrecht, insbesondere dem Berufsbildungsgesetz (BBiG) und den besonderen Rechtsgrundlagen der Krankenpflegeausbildung. Zur Illustration werden Ergebnisse einer Befragung von 40 Krankenpflegeschulen dargestellt. Abschließend werden unter Punkt 7. Einsichten und Aussichten reflektiert.

Die folgenden vier Thesen sollen fragmentarisch und vorläufig die Herangehensweise an das Thema verdeutlichen.

Die Problemfelder werden gesehen

1. in der Organisationsstruktur des Gesundheitswesens; die strukturellen Besonderheiten mit der Tendenz des Rückwärtsgewandten charakterisieren diese Institution;

---

5 Verwiesen sei hier auf Stratmann u. Schlösser 1990

2. in der Dominanz der Karitas auch am Ende des 20. Jahrhunderts; Subsidarität hat Konjunktur;

3 in der geschlechterbestimmten Verteilung der Macht im Gesundheitswesen (Krankenhaus); Frauen leisten die Arbeit – Männer besetzen die „Chef"stellen;

4. in der Schwäche gewerkschaftlicher und anderer interessenorientierter Organisationen für Beschäftigte und Benutzer (Patienten); im Vergleich zu anderen Bereichen der Arbeits-, Dienstleistungs- und Verbrauchergesellschaft ist hier Rückstand zu konstatieren.

Zur Verwendung spezifisch besetzter Begriffe

Der Begriffsapparat der beruflichen Bildung (duales System) wird nicht stringent angewandt, im Interesse der Lesbarkeit wird z.B. auch dann von Schule gesprochen, wo im definitorisch-normativen Sinn gar keine Schule vorhanden ist (Krankenpflegeschule = Schule). Die Unklarheiten in den Inhalten werden auch an den Bezeichnungen für die Betroffenen begrifflich weitergegeben: Die „Auszubildenden" sind auch „Schüler" oder „Lernschwestern/pfleger" oder „Teilnehmer". Je nach Blickrichtung und Grundverständnis wird hier und mit anderen Festschreibungen begrifflich jongliert – in der Literatur und auch in dieser Arbeit.[6] Eine Übernahme der dualen Sprachregelung wäre zu begrüßen, würde derzeit jedoch der Problemlage nicht gerecht.

---

6   In der Verordnung zur Berufsschulpflicht vom 30. August 1978 (Hessen) umschreibt man den Personenkreis so: „Absolventen von Ausbildungsstätten für nichtärztliches Fachpersonal im Gesundheitswesen". Aus: Bildungswege in Hessen 1990, S. 22

2. Orientierung zu den Rechtsregelungen in den Berufen des Gesundheitswesens

Seit Ende der siebziger Jahre kann auf Arbeiten, die am Berufsbildungs-institut für Berufsbildungsforschung (BIBB) entstanden sind, zurückge-griffen werden. Als orientierender Rahmen sollen v.a. Ergebnisse dieser Arbeiten hier zusammenfassend dargestellt werden.[7] Schon bei den Begriffen, mit denen die angesprochenen Berufe zusammenfassend benannt werden, gibt es Probleme. Da der traditionelle Begriff der Heilhilfsberufe als untauglich befunden wurde, entstanden neue Be-grifflichkeiten. Die Berufe werden nun als medizinische Assistenzberu-fe bzw. als Medizinalfachberufe bezeichnet. Es handelt sich hier um eine Vielzahl – 1980 waren es 17 verschiedene – differenzierter und spezialisierter Berufe.[8] Die Aufgaben und Ziele der einzelnen Berufe sind nicht eindeutig festgelegt. Mit der Entwicklung des Gesundheits-wesens im 19. Jahrhundert entstanden je nach Bedarf, v.a. entsprechend der medizinischen Diagnostik und Therapie, neue Berufe, beispielswei-se im Bereich der Medizintechnik und der Rehabilitation.

Eine übergeordnete Institution zur Entwicklung eines Berufsfeldes existiert nicht. Die einzelnen Berufe und ihre Ausbildungsverordnun-gen weisen wenig Koordination auf. Eine vergleichende Analyse der Ausbildungsinhalte hat allerdings ergeben, daß wesentliche Inhalte identisch sind und somit einer Zusammenfassung der Ausbildungen nichts im Wege stehen würde.[9]

Doch zu einer Anpassung der Rechtsregelungen ist vom Gesetzge-ber bislang wenig Bereitschaft vorhanden. Die gesetzliche Regelungs-kompetenz in den Gesundheitsberufen unter Bezugnahme auf die Arti-kel 74, 19 und 72, 1 des Grundgesetzes (GG) sieht vor, daß die Länder ermächtigt sind, diese Ausbildungen gesetzlich zu regeln, solange der

---

7 Bergmann-Krauss, Spree 1980; Meifort 1980
8 Zur Begriffsdiskussion siehe auch Bals 1990, S. 65 ff.
9 Meifort, Paulini 1984

Bund von seinem Gesetzgebungsrecht keinen Gebrauch macht. Im Berufsbildungsgesetz, § 107, 2, wird dies weiter konkretisiert.

> „(2) Solange und soweit von den Ermächtigungen zum Erlaß von Rechtsverordnungen nach diesem Gesetz kein Gebrauch gemacht wird, werden die Landesregierungen ermächtigt, solche Rechtsverordnungen im Bereich der Heilhilfsberufe zu erlassen. Die Ermächtigung kann auf oberste Landesbehörden weiter übertragen werden."[10]

Dies allerdings steht, wie Meifort feststellt, nur noch rhetorisch zur Debatte. Der Bund hat fast alle Ausbildungsberufe im Gesundheitswesen gesetzlich geregelt, indem Berufszulassungsgesetze erlassen wurden, meist unter Ausschluß des Berufsbildungsgesetzes (BBiG), so daß die Festlegung von Mindestkriterien für die berufliche Bildung hier nicht zur Anwendung kommt. Durch diese Konstruktion ist ein Rechtsrahmen geschaffen, der zwar meist bundesweit die Berufszulassungen regelt, jedoch nicht für eine inhaltliche und formale Einheitlichkeit der Ausbildung auf Bundesebene sorgt. Die Folge sind stark voneinander abweichende Ausbildungsbedingungen und verläufe in den einzelnen Berufen.

Die Berufsabschlüsse berechtigen nicht zu Anschlüssen im Bildungssystem; in den verschiedenen Berufen, so z.B. in der Krankenpflege, bestehen zwar seit langem berufliche Fortbildungen, die aber ihrerseits auch wieder geprägt sind durch Regelungen außerhalb des Systems der beruflichen Fortbildung. Diese Nichtdurchlässigkeit im Bildungssystem und der daraus resultierende Sackgasseneffekt dieser Berufsausbildungen bedeutet Benachteiligung. Immer weniger sind junge Leute bereit, in diese Berufe zu gehen; in der Universitätsklinik in Frankfurt a.M. konnten 1990 von 335 Ausbildungsplätzen[11] in den Pflegeberufen 90 nicht besetzt werden.

Die die Ausbildung durchführenden Schulen des Gesundheitswesens haben einen Sonderstatus, da sie weder Berufsschulen noch Berufsfachschulen sind. Die Bedingungen sind uneinheitlich; charakteristisch ist die Angliederung an einen Betrieb, meist ein Krankenhaus, und das Fehlen von LehrerInnen mit Lehramtsprüfung. Der Unterricht

---

10 Zit. nach Weber 1986, S. 135
11 entnommen: Uni-Report, J.W. v. Goethe-Universität Frankfurt a.M., Mittwoch, 31. Januar 1990, S. 9

wird von Angehörigen des jeweiligen Berufes mit oder ohne spezifische Weiterbildung[122] und von anderen Fachdozenten, z.B. Medizinern, durchgeführt. Darüber hinaus findet die Ausbildung in der betrieblichen Praxis statt.

Die Forderung nach einer Gesamtkonzeption der beruflichen Bildung im Gesundheitswesen und der Gleichbehandlung dieser Berufe gegenüber anderen blieben bislang unerfüllt; grundsätzliche rechtliche Bedenken zur Anwendung des BBiG können als Ursache ausgeschlossen werden. Es liegt somit nahe zu vermuten, daß es sich um eine machtpolitische Strategie handelt.

---

12 Die Begriffe *Fort-* und *Weiterbildung* werden verwendet, da im Gesundheitsbereich so üblich, das BBiG spricht von Fortbildung.

3. Berufsentwicklung im 19. Jahrhundert

3.1. Von der Berufung zum Beruf?

Die Entwicklung der Krankenpflege zum Beruf erfolgte unter den gesamtgesellschaftlichen Bedingungen des 19. Jahrhunderts. Die Auswirkungen der industriellen Umwälzung, insbesondere die zum Ende des Jahrhunderts einsetzende Sozialversicherung, veränderten auch die Anforderungen an die Gesundheitsversorgung. Das Krankenhaus entwickelte sich mehr und mehr – wenn auch gegen viele Widerstände – zur Institution der Regelversorgung von Kranken. An dieser Stelle sei auf die Genese und Struktur der Krankenhausmedizin hingewiesen; die medizinische Wissenschaft und der Betrieb Krankenhaus weisen Entwicklungsbesonderheiten auf, die Gegenstand zahlreicher Publikationen sind.[13]

„Man muß das vorherige Miteinander nicht nostalgisch verklären, um zu sehen, daß die mit der industriellen Revolution eingeleiteten Umwälzungen eine Art *sozialer Urknall* waren. Denn zum erstenmal in der Menschheitsgeschichte wurden Bereiche abgetrennt, Fabriken und später Büros, in denen ausschließlich gearbeitet werden sollte, pünktlich zu allgemein festgesetzten Zeiten, in gleichmäßiger Menge und Qualität, Vorschriften gehorchend, die keine *individuellen Eigenheiten* duldeten." [14]

Die Geschichte der Medizin – und implizit ist hier die Krankenhausgeschichte immer mitthematisiert – ist ganz wesentlich eine der Gewalt und Ausgrenzung. Die Charakteristika der Institution Krankenhaus entwickelten sich im Zusammenhang mit stigmatisierten Begriffen wie Armenhaus, Hospitalismus und Zwangsanstalt.

Die hierarchische Struktur als wesentliches Merkmal wird seit ca. 100 Jahren in der sozialwissenschaftlichen Literatur von Max Weber bis Goffman beschrieben. Entsprechend den Charakteristika der „tota-

---

13 Siehe z.B. Spree 1981, Uexküll/Wesiack 1988, Labisch/Spree 1989, Bochnik 1985, Illich 1987, Habermas 1985 (insbesondere S. 279 ff.), Raspe 1983, S. 9-25, Goffman 1972
14 Dörner 1991, S. 110; Hervorhebungen von mir, R.B.

len Institution" (Goffman) kommt dem Pflege- und Wartpersonal die Funktion des Mittlers (Vermittlers) zu. Auf der einen Seite steht der Patient, auf der anderen der Arzt, moderner formuliert: die medizinische Administration. Das Resultat des Dienens nach unten und nach oben läßt im Regelfall „die da unten"[15] leiden – wobei „die da oben" nie zufriedenzustellen sind. Kurz und bündig: diese Funktionserfüllung, bis heute nicht gänzlich überholt, bringt Belastungen für alle Beteiligten mit sich; besonders betroffen ist der Patient, dicht gefolgt vom Pflege-/Wartpersonal. Das physische und soziale Elend war im 19. Jahrhundert groß; auch heute weisen arbeitsmedizinische Erhebungen in diesem Bereich besondere Belastungen nach. Selbst auf den Krankenhausparkplätzen lebt die hier skizzierte Arbeits- und Machtteilung fort. Man findet dort reservierte Plätze für Ärzte zum einen und für Personal zum anderen.[16]

Im Laufe des 19. Jahrhunderts hat sich die Krankenhausmedizin mittels der skizzierten Mechanismen weiterentwickelt. Neben den ohne Zweifel großen medizinischen Erfolgen z.B. in der Entwicklung von Operationstechniken usw. wurden Strukturen etabliert, die sozusagen jenseits der gesamtgesellschaftlichen Konfliktlage zwischen Kapital und Arbeit angesiedelt waren. Im Krankenhaus herrschte die Medizin, genauer der Mediziner und die Bürokratie, während die Beschäftigten vor allem in karitativ gebundener Form – also nicht – auf den Plan traten.

Die Berufskonstituierung der Krankenpflege erfolgte in der Zuweisung dieser Tätigkeit an Frauen durch Männer. Zwei männlich geprägte Institutionen, Medizin einerseits und Kirche andererseits, machten mit unterschiedlichem Erfolg ihren Einfluß geltend. Schon 1782 erfolgte durch den Arzt Anton Mai eine Schulgründung zur Ausbildung des Wartpersonals. Weitere Initiativen folgten, bezogen auf die Berufsfindung im 19. Jahrhundert spielten diese Initiativen aber eher eine unter-

---

15 Die Formulierung ist entlehnt von Engelmann/Wallraff 1975: Ihr da oben, wir da unten
16 Die Schärfung des Blickes für solche Details verdanke ich Kolleginnen, sprich Personal aus dem Bereich der Psychiatrie in Hessen.

geordnete Rolle. Zur 200-Jahr-Feier der von Mai gegründeten Schule schreibt 1983 Oberin Nelli Hoffmann:

„Seit diesem Anfang sind 200 Jahre vergangen, in denen die Krankenpflegeausbildung staatlich geregelt und immer wieder durch neue Gesetze *an den Fortschritt der Medizin angepaßt wurde*",

und

„wir wollen keine medizinisch-technischen Arzthelfer werden, sondern Krankenschwestern und Pfleger *bleiben*".[17]

Die Widersprüche der Argumentation fallen der „Oberin" möglicherweise ebensowenig auf wie die Antiquiertheit ihrer Dienstbezeichnung.

Der historisch erfolgreichere Weg wurde mit der Gründung der Frauendiakonie 1836 durch Theodor Fliedner beschritten. Die hier neu konstituierte Form der Krankenpflege, die an die Ordenspflege anknüpfte, wurde für das 19. Jahrhundert bestimmend.[18] Hier wurde eine Organisationsform entwickelt, die Auswirkungen bis in die Gegenwart hat.

Das Mutterhaus als Arbeits- und Lebensgemeinschaft unverheirateter Frauen pflegte die christlichen Werte der Entsagung und Aufopferung. Dieses Dienen stimmte mit den Werten, die die bürgerliche Gesellschaft Frauen zuschrieb, überein. Aufgrund dieser Verknüpfung wurde das Modell erfolgreich. Die domestizierte Frau sollte sich hier „beruflich" entfalten, jenseits der Lohnarbeit. Die Lohnwärter und Lohnwärterinnen erreichte dieses Modell nicht – im Gegenteil: sie waren massiver Kritik ausgesetzt.[19]

Das Anliegen der Frauendiakonie war die karitative Form der Krankenpflege. Die Frage: dienen oder verdienen, war zugunsten des Die-

---

17 In: Deutsche Krankenpflegezeitschrift 5/1983, S. 256, 259. Hervorhebungen von mir, R.B.
18 Wanner 1987, insbesondere S. 44, 67 f.
19 Siehe auch Gerhard 1978 und 1990 (weibliche Arbeit)

nens beantwortet. Das Christlich-Karitative wurde so zur prägenden Komponente dieses Berufes.[20] Das Organisationsmodell der Mutterhaus-Pflege wurde im weiteren Verlauf der Entwicklung auch von weltlichen Krankenpflegeorganisationen, insbesondere vom Roten Kreuz übernommen. Bis zur Jahrhundertwende wurde Krankenpflege überwiegend im System der Mutterhaus-Pflege oder in Form der Lohnwart-Pflege praktiziert.

Der in diesem System angelegte Konflikt zwischen der Aufforderung des selbstlosen Dienens, die in der Realität maximale Ausbeutung der Arbeitskraft bedeutete, und dem Wunsch nach beruflicher Tätigkeit, nach Selbständigkeit und einem gewissen Maß an sozialer Sicherheit und gesellschaftlichem Ansehen führte u.a. 1903 zur Gründung einer Berufsorganisation. Die Begründerin Agnes Karll kam aus der Mutterhaus-Pflege, und die Gründung einer Berufsorganisation ohne Mutterhaus war Ausdruck ihrer Kritik.

Jedoch wurden viele Elemente der ,,gebundenen Pflege" mitübernommen. Gegenüber den Wärterinnen und Wärtern, die sich am Ende des Jahrhunderts in gewerkschaftlicher Form organisierten, wurden strikte Abgrenzungen vorgenommen.[21] Hier findet sich wieder, was auch die Frauenbewegung dieser Zeit charakterisierte: die Trennung von proletarischer und in verschiedenen Richtungen auftretender bürgerlicher Frauenbewegung. Hier standen den radikalen Frauen insbesondere die vaterländisch orientierten gegenüber, der letzten Kategorie kann man A. Karll zuordnen, wobei allerdings vor Schubladendenken gewarnt werden muß, denn auch die *Frauengeschichte* ist noch nicht geschrieben.[22] In Abgrenzung zur gebundenen Pflege und zum Lohnwartwesen wurden von der freiberuflichen Pflege Standardisierungen und Regelungen unter dem Schutz des Staates gefordert. Da die gebundene Pflege die berufsfachliche Ausbildung für überflüssig hielt, wurde dieser Bereich ein Schwerpunkt der Berufsorganisation. ,,Mit Einführung der obligaten 3-jährigen Ausbildungszeit und Prüfung wäre lang-

---

20 Hummel 1986
21 Fritz 1964 und Steppe 1988/1990
22 Gerhard 1990, insbesondere S. 178 ff.

fristig ein Abbau des sogenannten 'Pflegeproletariats' zu erreichen."[23] Hiermit wurde auch dem Interesse der Medizin an qualifizierten Hilfskräften entsprochen. Das Oben und Unten zwischen Medizin und Pflege wurde dabei mitunter gar emphatisch übernommen.

Die Krankenpflege befand sich nun auf dem Weg der Berufskonstruktion wie andere Berufe auch, entscheidend war allerdings die ideologische Ausrichtung als reiner Frauenberuf, der sich komplementär zum Aufgabenbereich der Medizin entwickelte und verstand. Hieraus entstand eine hierarchische Aufgabenteilung, die einer beruflichen Identitätsfindung im Wege stand. Bischoff kommt zu folgender Einschätzung:

„Die Krankenpflege entwickelte sich im 19. Jahrhundert zu einem weltlichen Beruf für bürgerliche Frauen, weil die weibliche Krankenpflege die 'menschliche' Seite der abstrakten, naturwissenschaftlichen Medizin verkörpern und gleichzeitig Hilfsfunktion für die Medizin übernehmen sollte; sie wurde weiblich, weil die Arbeitskraft der Frau in einer sie benachteiligenden Gesellschaft billiger war ..."[24]

Diese „weibliche Krankenpflege" übernahm weitgehend die christlichen Vorstellungen vom Dienen und Aufopfern. Die Organisation der Berufsarbeit wies starke Parallelen zur klösterlichen Existenz auf: eine ständige Präsenz am Arbeitsplatz, das Tragen einer Tracht und den ständigen Verweis auf Entsagung und Verzicht zugunsten des Berufes. Ostner und Krutwa-Schott ziehen nach einer berufssoziologisch historischen Analyse folgendes Resümee:

„Während Anfang des 19. Jahrhunderts viele andere Gewerbe, Handwerke, wissenschaftliche Berufe, auch die ärztliche Tätigkeit den Prozeß der Berufskonstruktion miteingeleitet und -getragen haben, um mehr Sicherheit, mehr Entschädigungschancen, vor allem auch um mehr 'berufliche Autonomie' und damit verbunden eine größere Konfliktfähigkeit für sich durchzusetzen, fehlt der Pflege bis heute, wie allen Frauenberufen, die berufliche Autonomie. Semiprofession, halbe Profession, eben 'Frauenberuf' mit allen Tücken dieser Halbheit, das war das gesellschaftlich sanktionierte Maximalziel. Die weibliche Professionalisierung war nichts anderes als ein

---

23 Zit. nach Hummel 1986, S. 90
24 Bischoff 1984, S. 133. Die Definition der Medizin als Naturwissenschaft ist ungenau und insofern abzulehnen – für den Kontext weiblicher Pflege ist dies jedoch sekundär.

Kompromiß zwischen der weiblichen Seinserfüllung im Dienst für andere und den neuen Erfordernissen beruflicher, u.a. medizinischer Arbeit." [25]

3.2. Kein Beruf wie andere?

Mit diesem Frauenberuf wurde nicht nur der geschlechtsspezifische Arbeitsmarkt der bürgerlichen Gesellschaft bedient, durch die Dominanz der Mutterhäuser und Standesorganisationen wurden auch Anschlüsse an die Errungenschaften der Arbeiterbewegung verpaßt. Hummel kommt nach Analyse der Berufsstatistik von 1876-1909 zu folgendem Schluß:

„... daß Krankenpflege nun immer stärker unabhängig von kirchlichen Institutionen ausgeübt wird, für viele Frauen nun nicht mehr 'christliche Liebestätigkeit' oder 'Gottesdienst', sondern ein selbständiger Frauenberuf wird." [26]

Hieraus erfolgte für viele jedoch keine der Lohnarbeit adäquate Organisationsform in der Gewerkschaft der Gemeinde- und Staatsarbeiter oder einer anderen Gewerkschaft; ein Teil der Berufsangehörigen organisierte sich stattdessen in berufsständischer Form. Gewerkschaftlich erkämpfte Standards setzten sich auf diese Weise schwer durch.

„Dazu kommt, daß die Krankenpflege als Gelderwerb zu schlecht bezahlt wird und zu viele Opfer fordert, als daß sie nur irgendeinem gewerblichen Beruf gleichgestellt werden könnte." [27]

Die in der Gewerkschaft der Staats- und Gemeindearbeiter organisierten Pflegekräfte hatten aufgrund des niedrigen Organisationsgrades in wesentlichen Bereichen wie Entlohnung und Arbeitszeit schlechtere Bedingungen als die anderen in dieser Gewerkschaft Organisierten. Innerhalb der eigenen Berufsgruppe waren sie massiver Diskriminierung ausgesetzt – in der innerberuflichen Hierarchie standen sie ganz unten, als „gewerkschaftlich organisiertes Unterpersonal" klassifiziert.

25 Ostner u. Krutwa-Schott 1981, S. 63
26 Hummel 1986, S. 37
27 Fritz 1964, S. 42

Diese Gewerkschaft forderte so auch, daß ihre Mitglieder die Dienstbezeichnung ,,Schwester" führen dürften, um damit eine Gleichbehandlung zu erreichen. Verfügungen der Behörden sahen z.b. vor, ,,daß alle
Pflegerinnen mit staatlicher Anerkennung in den städtischen Krankenhäusern die Dienstbezeichnung 'Schwester' erhalten". Die Schwesternverbände wandten sich gegen eine derartige Gleichstellung; sie wollten
den ,,Gesinnungsunterschied" nicht verwischen.[28] Ausbildungs- und
Arbeitsbedingungen rangierten immer hinter Werten wie ,,gute Gesin-
nung und vorwurfsfreiem Charakter",[29] wie es Agnes Karll 1902 aus-
drückte.

Eine Berufsentwicklung hin zur Facharbeit fand nicht statt. Dieser
,,Frauenberuf" war weder ein bürgerlicher Beruf – wenn dies auch als
Fiktion immer wieder Verbreitung fand – noch war er ein proletarischer
,,Facharbeiterberuf"; dieses Weder-Noch war konstitutiv, und vieles
hiervon ist bis in die Gegenwart so geblieben. Facharbeiterberufe waren
per se Männerberufe. Die Verdrängung der Frauen aus den Berufen des
Handwerks und der Industrie bzw. ihre Nicht-Zulassung charakterisier-
ten die Konstituierung der männlichen Facharbeit. Gesamtgesellschaftlich war der Geschlechterkampf um Arbeitsplätze in vollem Gange.[30]

In der Krankenwartung band die berufsständische weibliche Organisationsform (Berufsorganisation von Agnes Karll) lohnarbeitende Frau-
en an inadäquate Bedingungen. Entgegen der Einschätzung von Hummel und Kruse[31] wird die Wirkungsgeschichte dieses Verbandes in
Bezug auf berufliche Emanzipation als kontraproduktiv eingeschätzt;
die alten Werte wurden modernisiert und vor allem gegen gewerkschaftliche eingesetzt. Während sich zu Beginn des 20. Jahrhunderts
gesamtgesellschaftlich korporatistische und berufsständische Organisationsformen eher in der Auflösung befanden, wurden sie hier als kon-
servatives Element etabliert.[32] Allerdings statteten sich selbst die ge-

---

28 ebd., S. 38 f.
29 ebd., S. 31
30 Gerhard 1990, S. 50 f., Kuczynski 1981, S. 399 ff.
31 Kruse 1987
32 Zur Entwicklung der beruflichen Bildung siehe auch Stratmann/Schlösser 1990, Harney
1980, 1987, 1990.

werkschaftlich Organisierten mit den Insignien einer Schwester – Brosche und Dienstkleidung – aus. Bis heute hat die Bezeichnung „Schwester" überdauert. Die karitativ-dienende Berufscharakterisierung stand der lohnarbeitsmäßigen nicht nur als ein anderer Wertakzent gegenüber, sie war bestimmend.

So ging die Entwicklung des 19. Jahrhunderts, die Berufstätigkeit zum gesellschaftlichen Regelfall werden ließ, an diesem Berufszweig fast spurlos vorüber. Die wissenschaftliche Aufarbeitung der Auseinandersetzungen zwischen Karitas, Berufsständischem und Lohnarbeit steht noch aus.

4. Zur historischen Entwicklung von Ausbildung vom Anfang dieses Jahrhunderts bis in die sechziger Jahre

4.1. Die Debatte um staatliche Regelungen

Im 19. Jahrhundert fehlten gesetzliche oder staatliche Regelungen zur Ausbildung in der Krankenpflege. Mit der Gewerbeordnung von 1869 waren lediglich für die ärztliche Tätigkeit sowie für die Hebammen Einschränkungen vorgenommen worden.[33] Die daraus resultierende Situation war keineswegs zufriedenstellend. Klagen über das Wartpersonal waren zahlreich. Das Pflegepersonal der kirchlichen und vaterländischen Organisationen war unzureichend qualifiziert. Die Ausbildungsstrukturen in diesen Organisationen waren gekennzeichnet durch religiöse Erziehung und durch praktisches Lernen. Die Ausbildung war identisch mit der Arbeit und von geringem zeitlichem Umfang; nach Wanner dürfte dieser zwischen 40 und 100 Stunden umfaßt haben.[34]

Diese Ausbildungsansätze konstituierten die Strukturen der Krankenpflegeausbildung. Die Ausbildungsstätte, sprich Krankenpflegeschule, war Bestandteil eines Krankenhauses, und die Schülerinnen waren zur Versorgung der Kranken eingesetzt. Der medizinische Unterricht wurde von Ärzten erteilt. Diese achteten in ihrem eigenen Interesse darauf, daß nicht zuviel theoretisches Wissen vermittelt wurde; die „Oberinnen" unterstützten dies nachhaltig. Die religiöse und ethische Bildung dominierte die Ausbildung.

Im Mutterhaus-System des 19. Jahrhunderts war für Männer der Zugang weitgehend nicht vorgesehen. Da der Versuch, die Lohnwärterinnen und -wärter in nicht-konfessionellen Ausbildungsstätten auszubilden, sich nicht durchsetzen konnte, blieb Ausbildung im beschriebenen Sinn den religiösen und vaterländischen Organisationsformen zu-

---

33 Kruse 1987, S. 69
34 Wanner 1987, S. 71

geordnet, blieb ihnen aufgrund des mangelnden staatlichen Eingreifens vorbehalten. Aus diesen Reihen wurde jedes Eingreifen und Ordnen des Staates, der „Bühne von Interessensauseinandersetzungen" [35] kritisch beurteilt.

Zu Beginn des 20. Jahrhunderts drängten verschiedene Gruppen immer mehr auf Regelung und staatliches Eingreifen. Die Interessen der Mediziner kollidierten in stärkerem Maße mit der unflexiblen Hierarchie der Pflegeorganisationen. Man hoffte, mittels staatlicher Regelungen den medizinischen Einfluß erweitern zu können. Auch die berufsständisch organisierten Pflegekräfte wünschten staatliche Regelungen, denn solange die Ausbildung über die Mutterhäuser führte, war sie stark eingeschränkt. Die Mißstände in der Krankenpflege haben zu Beginn des Jahrhunderts auch die politische Diskussion erfaßt. In Debatten des Reichstags 1900 und 1902 wurden insbesondere vom sozialdemokratischen Abgeordneten Antrick umfassende Schilderungen von skandalösen Arbeitsbedingungen gegeben. Auch von dieser Seite wurde die Forderung nach geregelter Ausbildung gestellt. [36]

Von der Berufsorganisation der Krankenpflegerinnen in Deutschland (BO – A. Karll) wurde eine „für die Berufsausbildung obligatorische, fachlich-beruflich qualifizierende und gesetzlich geregelte Ausbildung von dreijähriger Dauer" gefordert. [37] Der Kreisphysikus Dr. Dietrichs, später Mitglied des preußischen Medizinalministeriums, forderte einen Befähigungsnachweis für die Krankenpflege. [38] Zu solch klaren Regelungen sollte es jedoch nicht kommen. Aufgrund von Einspruch aus Kreisen der geistlichen und weltlichen Krankenpflegegenossenschaften kam es nur zur Festlegung einer staatlich geregelten Krankenpflegeprüfung, zu den „Vorschriften über die staatliche Prüfung von Krankenpflegepersonen vom 10. Mai 1907 (Preußen)". Die Ausbildungszeit wurde auf ein Jahr festgelegt. Besonders hervorgehoben wur-

---

35 Mündliche Äußerung von U. Gerhard im Seminar „Patriarchatskritik als Gesellschaftsanalyse", Sommersemester 1990, J.W. v. Goethe-Universität, Frankfurt a.M.
36 Hummel 1987, S. 54 ff.
37 Wanner 1987, S. 72
38 Kruse 1987, S. 69 ff.

de der vorwiegend praktische Charakter der Ausbildung in der Krankenpflege.[39]

Mit diesen Festlegungen, die nur fakultativ zur Anwendung kamen,
waren keine wesentlichen Veränderungen zu erreichen. Die Krankenpflegeausbildung blieb ein Anlernverfahren. In Debatten des Reichstags 1913 und 1914 wurden die negativen Auswirkungen der vereinbar-
ten Festlegungen vorgetragen. Antrick berichtete von Informationen
des weltlichen (gewerkschaftlichen) Krankenpflegepersonals, daß
durch die Regelung zur Krankenpflegeausbildung statt einer Verbesserung eher eine Verschlechterung eingetreten sei. Die Krankenhausver-
waltungen würden ihre Krankenpflegeschulen dazu benutzen, sich bil-
liges und williges Personal zu verschaffen. Eine tägliche Arbeitszeit
von 15 bis 18 Stunden war üblich; für die theoretische Unterweisung
wurde mitunter nur eine Stunde pro Woche angesetzt.[40] Die Forderung
nach obligatorischer Ausbildung und Prüfung in Verbindung mit einem
Befähigungsnachweis zur Ausübung der Krankenpflege wurde immer
wieder erhoben, konnte sich aber nicht durchsetzen. Die Etablierung
einer eigenständigen, staatlichen Schule außerhalb des Krankenhauses
war wohl zu keinem Zeitpunkt Thema. Verbindungen zu den Diskussionen der Berufsausbildung in Industrie und Handwerk gab es offensichtlich nicht. Pädagogische, bildungsrelevante Fragestellungen wurden im Kontext der Krankenpflegeausbildung nicht diskutiert.

In der Berufsausbildung in Industrie und Handwerk entwickelten
sich zu dieser Zeit die Eckpfeiler der beruflichen Bildung: die Fortbildungsschule als Vorläuferin der staatlichen Berufsschule wurde relevant, und im Bereich der betrieblichen Ausbildung kam der Errichtung
von Lehrwerkstätten größere Bedeutung zu. Mit der Gründung des
„deutschen Ausschusses für technisches Schulwesen" (DATSch) 1908
begann die Ordnung der Ausbildung. Hier erfolgten erste Festlegungen
über planmäßige Ausbildung, über die Anzahl der Lehrlinge im Hinblick auf die Sicherung des Facharbeiternachwuchses. Das Ziel einer

---

39 Wanner 1987, S. 75
40 Kruse 1987, S. 100 sowie Fritz 1964

einheitlichen Berufsausbildung war vorformuliert. Berufsbilder und Lehrberufe wurden konstituiert.[41]

Für die Krankenpflegeausbildung erfolgten auch in der Weimarer Republik keine wesentlichen Veränderungen. 1921 kam es zu einer Regelung, die nun einen Ausbildungsumfang von 2 Jahren und 200 Stunden theoretischen Unterricht vorsah; auch diese Regelung hatte nur fakultativen Charakter. Das staatliche Eingreifen blieb somit minimal, nach wie vor dominierten die genossenschaftlichen Krankenpflegeorganisationen das Geschehen.

„Hatte sich im Kaiserreich die parlamentarische und vorparlamentarische Dimensionierung der Berufsbildungspolitik im wesentlichen auf die Berufsschulpflicht beschränken und die in der Ausbildungskostendebatte zu Tage geförderte Asymmetrie von handwerklicher Tradition und industrieller Traditionslosigkeit auf einen partikularen Verbandskonflikt reduzieren lassen, weitete sich mit dem Eintritt der Gewerkschaften und der Zentralarbeitsgemeinschaft in diese Debatte die Menge der um den thematisierten Kern 'Berufsausbildung' gelagerten Referenzen und Thematisierungsanlässe zum einen beträchtlich aus. So ging es im Zusammenhang mit der tarifvertraglichen Zuständigkeit der Gewerkschaften um die Frage, inwieweit das Lehrlingsals Arbeitsverhältnis angesehen und damit der gewerkschaftlichen Verhandlungsfähigkeit unterworfen werden muß.“ [42]

Ein solches Kräftespiel zwischen Kapital und Arbeit kam im Bereich des Gesundheitswesens wenig zum Tragen; durch die genossenschaftliche Organisationsform wurde das In-Erscheinung-Treten des obigen Gegensatzes behindert. Während in der Berufsbildungsentwicklung eine Auseinandersetzung von Handwerk (Tradition) und Industrie (Traditionslosigkeit) stattfand, in der die Industrie an Boden gewann, blieb im Bereich der Krankenwartung bis weit ins 20. Jahrhundert hinein „alles in einer Hand“.

Für die Entwicklung der industriellen Berufsbildung war die Trennung von Arbeiten und Lernen wesentlich, auch wenn das betriebliche Element Vorrang hatte. Im Zentrum der Erörterungen um Berufsausbildung in Handwerk und Industrie standen Qualifikationsprobleme. Im

---

41 Benner 1987, S. 271
42 Harney 1987, S. 83

Bereich der Krankenversorgung dagegen dominierten vor allem Fragen der vorberuflichen und beruflichen Organisationsform. Qualifikationsfragen wurden hier v.a. durch die Anforderungen der Medizin aufgeworfen, jedoch durch das autokratische Regime der Oberinnen ständig ethischen Gesichtspunkten untergeordnet. Die potentiellen Facharbeiter/innen (Lohnwärter/innen) standen dazwischen. Das Handwerk sperrte sich gegen die Pflichtfortbildungsschule – ungleich vehementer traten Pflegegenossenschaften gegen Ausbildung schlechthin auf den Plan.

Die Berufsorganisation (BO – Agnes Karll) trat für geregelte Ausbildung ein; der Staat wurde hier als objektive Instanz gesehen, der für den Regelungsbedarf unbesehen in Anspruch genommen werden sollte. Folgt man der Aufarbeitung der Entstehungsgeschichte der BO bei Hummel[43], so läßt sich konstatieren, daß die Abgrenzung vom System der Mutterhäuser auf der einen Seite ebenso betrieben wurde wie die Abgrenzung vom Proletariat auf der anderen. Die Pflegearbeit wurde als Dienst am Nächsten und am Mediziner verstanden. Im Zentrum dieser Pflege standen Nächstenliebe, Hygiene und Ordnung, die Zurichtung des Patienten für die Belange der Mediziner; letztere wurden von A. Karll immer wieder bedauert, ihre persönliche Korrespondenz legt davon Zeugnis ab.[44]

Die so errichteten Schranken ließen eine Entwicklung hin zur Facharbeit nicht zu. Berufliches Tätigsein in der Krankenversorgung schloß sich von Professionalität im Sinne der Facharbeit ab und aus.[45] Die Anstrengungen der Agnes Karll – von Hummel mit offensichtlicher Sympathie aufgearbeitet – sind bemerkenswert und waren doch geprägt von ihrer Herkunft aus engen, kleinbürgerlichen Verhältnissen, in denen man Fremdem (Arbeiterbewegung, radikale Frauenbewegung) eher ablehnend gegenüberstand.

---

43 Hummel 1987, S. 101 f.
44 Siehe insbesondere Hummel 1987, S. 84
45 Siehe hierzu Behr 1981, Harney 1980, 1987, Greinert 1975, Greinert/ Hanf/Schmidt/Stratmann 1987

4.2. Gesetze – gesetzliche Bestimmungen

Eine erste gesetzliche Regelung geht auf das Jahr 1938 zurück. Entsprechend der Gesamtpolitik des Dritten Reiches standen staatliche Einflußnahme und Normierung programmatisch im Vordergrund. Inhaltlich war das Gesetz davon geprägt, daß die Ausbildung vor allem als praktische Ausbildung festgelegt und auch über dieses Instrument die nationalsozialistische ,,Rassenhygiene" betrieben wurde. Für die Ausbildung wurden nur noch ,,Bewerberinnen mit deutschem oder artverwandtem Blut" zugelassen.[46] Der Erb- und Rassenpflege kam unter der Rubrik weltanschauliche Schulung eine große Bedeutung zu. Wie Kipp für die industrielle Berufsausbildung nachzeichnet, wurde im deutschen Faschismus die Ausbildung ,,perfektioniert", d.h. systematisiert und vereinheitlicht, allerdings: ,,Der totale Krieg forderte seinen Tribut und machte die Bestrebungen zur 'Perfektionierung' des öffentlichen Berufsschulwesens weitgehend zunichte".[47]

Bezogen auf die Krankenpflegeausbildung fällt besonders negativ ins Gewicht, daß hier die menschenverachtende Erb- und Rassenlehre der Nazis zum Maßstab beruflichen Handelns erhoben und von der Mehrzahl der betroffenen Berufe auch so umgesetzt wurde. Darüber hinaus war die Rekrutierung von Sanitätspersonal für den Krieg prägendes Merkmal; in Kooperation mit dem Deutschen Roten Kreuz wurde hier Pflegepersonal bereitgestellt. ,,Der Zweite Weltkrieg stellte die Schwesternschaft vor neue und große Aufgaben. Noch mehr Schwestern mußten herangebildet werden".[48] So unkritisch wurde dies (exemplarisch) selbst im Rückblick gesehen!

Nach 1945 galt bis 1957 die Regelung von 1938 weiter, allein die Erb- und Rassenlehre wurde vom Lehrplan gestrichen. Mit dem Krankenpflegegesetz von 1957, der ersten gesetzlichen Regelung nach dem Faschismus, versuchte man, Abstand zu den Regelungen von 1938 zu

---

46 Weißbrot-Frei 1991, S. 75
47 Kipp 1987, S. 246
48 Württembergische Schwesternschaft (Hrsg. u. Text; 1969) vom Roten Kreuz e.V. 1919 – 1969. Stuttgart. S. 35

erreichen, zumal diese von den einzelnen Ländern auch verschieden ausgelegt und angewandt worden waren. Mit diesem Gesetz wurde die Ausbildung im wesentlichen auf das Niveau festgelegt, auf dem sie ohnehin praktiziert wurde: ein Umfang von 400 Stunden Theorie, eine Ausbildungsdauer von insgesamt drei Jahren, wobei ein Jahr ausschließlich als Praktikum vorgesehen war. Mit der Verabschiedung dieses Gesetzes, in dem wieder keine dreijährige Ausbildung vorgesehen war, wie schon zu Beginn des Jahrhunderts gefordert, war die nächste Veränderung vorprogrammiert.

1965 wurde durch die Novellierung des Gesetzes eine dreijährige Ausbildungsdauer festgelegt, die Strukturen aber wurden beibehalten. Lediglich eine Ausweitung und Konkretisierung der Ausbildungsdurchführung wurde vorgenommen; die wesentlichen Festschreibungen waren:

1. Zulassungsbestimmungen zur Ausbildung
   Realschulabschluß oder gleichwertiger Abschluß; ein Mindestalter von 17 Jahren; die nachzuweisende körperliche Eignung und eine halbjährige hauswirtschaftliche Tätigkeit für Bewerber*innen*[49];

2. Ausbildungsbestimmungen
   Der Umfang der theoretischen Ausbildung wurde auf 1200 Stunden festgelegt; es erfolgte eine Aufteilung in Lehrfächer. Die praktische Ausbildung wurde insoweit geregelt, daß insgesamt 39 Wochen der gesamten Ausbildungszeit verbindlich zugeordnet wurden: 26 Wochen Einsatz in der Inneren Medizin und 13 Wochen in der Chirurgie. Die Krankenpflegeschule wurde staatlich anerkannt, wenn sie mit einem Krankenhaus verbunden war und geeignete Unterrichtskräfte vorweisen konnte.

3. Prüfungsbestimmungen
   Die Berufsbezeichnung war gesetzlich geschützt und durfte nach bestandener Prüfung geführt werden.[50]

---

49 Die hauswirtschaftliche Tätigkeit war von Bewerbern nicht nachzuweisen; siehe § 8 (2) des Gesetzes.

Mit geringfügigen Änderungen hatte dieses Gesetz bis 1985 Gültigkeit.

4.3. Der Charakter der Ausbildung

Die Frage nach dem Charakter der Ausbildung und den zur Anwendung kommenden Rechtsgrundlagen wurde vor allem von gewerkschaftlicher Seite gestellt. Schon 1954 forderte die ÖTV unter anderem: ,,Aus dem Schulverhältnis soll ein Ausbildungsverhältnis werden."[51] Es wurde vorgeschlagen, den Begriff der Lernschwester und des Lernpflegers zu verwenden. Die vorhandenen Benachteiligungen sowie die rechtlose Stellung der Schülerinnen waren Ausgangspunkt dieser Forderung. Allerdings wird von Fritz (einem Funktionär der Gewerkschaft ÖTV) auch ausgeführt, daß der Lehrlingsstatus eine Abwertung der Schwester mit sich bringen würde und insofern nicht anzustreben sei; verwiesen sei hier auf die Forderung nach Gleichstellung mit den Schwestern um die Jahrhundertwende.

Krankenpflege und Lohnarbeit gingen auch in den fünfziger Jahren noch kaum zusammen. Immer noch dominierte die mutterhausgebundene Pflege. Die genossenschaftlichen Organisationen, insbesondere die Kirchen und das Rote Kreuz, vermittelten in Form von Gestellungsverträgen weibliches Pflegepersonal, obgleich der Bundesangestelltentarif (BAT) schon Gültigkeit hatte. 1960 waren vom Kaiserswerther Verband, den Fliedner begründet hatte, noch 2908 Krankenschwestern per Gestellungsvertrag in Krankenhäusern beschäftigt. Das deutsche Rote Kreuz hatte 1961 49 Mutterhäuser mit 15.500 Schwestern einschließlich der Schülerinnen. Im Vergleich hierzu waren 1962 im ,,Bund Freier Schwestern" in der Gesamtgewerkschaft ÖTV 10.421 Pflegepersonen organisiert, darunter auch viele Männer.[52]

---

50 Krankenpflegegesetz vom 20. September 1965, BGBL IS. 1443
51 Fritz 1964, S. 68
52 ebd., S. 79 und S. 145 ff. Auch wenn die Datenlage hier strittig ist, die Relationen sind vermutlich korrekt erfaßt.

1967 wurde der erste Tarifvertrag zur Regelung der Rechtsverhält-
nisse der Lernschwestern und Lernpfleger abgeschlossen. Bis zu diesem Zeitpunkt war durch entsprechende Rechtsprechung ebenfalls ge-
klärt, daß dieser Personenkreis auch unter die Sozialversicherung fällt.
Im Vordergrund stand zunächst die rechtliche Absicherung des Einzelnen mittels Tarifvertrag. Vergleiche zu Regelungen in anderen Berufen
blieben weitgehend aus.

Die Krankenpflegeausbildung wurde in dieser Zeit häufig als schulische Ausbildung bezeichnet. Bei einem Umfang von 400 Stunden theo-
retischem Unterricht in drei Jahren (bis 1965) und dann 1200 Stunden
und der vollständigen Integration dieser Ausbildung in betriebliche
Abläufe bleibt diese Einschätzung unverständlich. Sie kann nur als
Folge der Isolierung dieser Ausbildung von anderen Bereichen der
Berufsbildung verstanden werden; denn von schulischer Ausbildung
konnte hier nicht die Rede sein.

Mit dem Abschluß des Tarifvertrages und der Integration der Auszubildenden in die Sozialversicherung wurde der duale Charakter der
Ausbildung bestätigt. Zu einer weiteren Anwendung von Ordnungsmit-
teln der Berufsausbildung kam es allerdings nicht.

4.4. Diskussionen im Kontext ,,68'' – ,,die Geburtstunde sozialer Bewegungen von unten'' [53]

Als zu Beginn der siebziger Jahre die ,,Aufständischen im Schlaraffenland'' [54] politische Initiative ergriffen, erreichte diese Bewegung auch
das Gesundheitswesen. Die Lernenden in den Berufen des Gesundheitswesen, in der Regel zu Beginn ihrer Ausbildungszeit 17 bzw. 18 Jahre,
bekamen zu diesem Zeitpunkt durch die außerparlamentarische Opposition eine ungefähre Ahnung dessen, was gesellschaftlich relevant war;
die ,,Halbgötter in Weiß'' wurden zum ersten Mal auf breiterer Basis in

---

53 Markovits/Hess 1991, S. 478
54 Horx 1989 (Titel)

Frage gestellt.[55] Für Aktionismus war diese Ausgangslage nicht die schlechteste; zu dieser Zeit organisierten sich Auszubildende des Gesundheitswesens in der Gewerkschaft ÖTV, eine innovative Stimmung kam auf. Restriktive Maßnahmen wie das Tragen der ,,Schwesternhaube", Zwangsunterbringen in Personalwohnheimen etc. waren im Milieu der Universitätskliniken rasch zu beseitigen, während sich im Bereich der frei gemeinnützigen Krankenhäuser Untiefen auftaten.

Für die Ausbildungen, insbesondere für die Pflegeberufe, aber auch für Berufe wie Heilerziehungspfleger, Rettungssanitäter und medizinisch-technische Assistentin, wurden Konzepte entwickelt. Die verschiedenen Bewegungen des Gesundheitswesens brachen mit unterschiedlichem Erfolg alte Strukturen auf. Das Spektrum der Beteiligten reichte von den 68er Ärzten, Psychologen u.a., die sich anschickten, im Gesundheitswesen anders zu arbeiten, bis hin zu denen, die sich in dem, was als Lehrlingsbewegung in die Geschichte einging, organisierten.

Auch die Diskussionslage in der ÖTV erfuhr eine Veränderung – die Basis drängte nach dem Ablegen des ,,Berufsständischen". Beginnend mit den 70er Jahren lösten sich innerhalb der ÖTV die ,,schwesterlichen" Formen nach und nach auf. Der Bund freier Krankenschwestern/pfleger büßte seine Existenzberechtigung – sollte er sie je gehabt haben – langsam ein. Vor allem die ÖTV-Jugend brachte kein Verständnis für eine innergewerkschaftliche Separierung auf. Die Parole ,,gemeinsam sind wir stark" wurde so ebenfalls auf die Prozesse innerhalb der Gewerkschaft bezogen.

Allerdings waren auch die nach außen gerichteten Aktionen nicht immer frei von berufsständischen und anderen Klischees. Neben vielen erfolgreichen Aktivitäten zur Berufsausbildung im Bereich der ÖTV traten im Gesundheitswesen mitunter die alten Ideale im neuen Kleid wieder auf den Plan: statt Dienen ,,Helfersyndrom", statt Aufopferung

---

55 Deppe 1987, insbesondere S. 175 ff., Deppe et al. 1973; siehe auch Reihe Kritische Medizin (seit 1970) in Argument, Jahrbuch für kritische Medizin, Argument Sonderband; bislang 40 Bde. Hamburg

,,weibliche Selbstverwirklichung". Nach wie vor hatte der gewerkschaftliche Standpunkt im Gesundheitswesen Mühe.

Trotz alledem bewegte ,,68" etwas; nicht zuletzt trug diese Etappe dazu bei, den Gesundheitsbereich dem wissenschaftlichen Interesse zu empfehlen. Zahlreiche Arbeiten entstanden, die Erforschung des Berufsfeldes einschließlich der dortigen Ausbildungen war damit jedoch nur eröffnet. Die Vielfalt der Themen und Ansätze wirkte einer systematischen Bearbeitung entgegen; bis heute ist das mehr oder weniger so geblieben.[56]

4.5. Exkurs: Krankenpflegeausbildung in der DDR

Im Hinblick auf die neue Bundesrepublik ist zu fragen, ob im Bereich der Krankenpflegeausbildung in der ehemaligen DDR Strukturen erhaltenswert sind, wenngleich der allgemeine formelle und informelle Tenor im Grundsatz davon ausgeht, daß die ,,Modelle für Deutschland" immer aus der alten BRD kommen.

In der DDR wurden die Krankenpflegeausbildung sowie die anderen Ausbildungen im Gesundheitswesen entsprechend dem neu geschaffenen Bildungssystem gestaltet und geordnet. Wie für andere Berufe wurden auch hier im Anschluß an die polytechnische Oberschule (POS) verschiedene Varianten der Berufsausbildung festgelegt. Die Durchlässigkeit dieser Bildungsverläufe bis hin zur Hochschule wurde in verschiedenen Etappen realisiert.[57] Es soll nun skizzenhaft die Entwicklung am Beispiel der Krankenpflegeausbildung dargestellt werden.

Im Gegensatz zur Politik in den drei Westzonen wurden in der sowjetisch besetzten Zone Gesetze und Rechtsgrundlagen des NS-Staates weitgehend außer Kraft gesetzt, so auch das Krankenpflegegesetz von 1938. Eine Strukturierung und Ordnung der Ausbildung nach neuen Kriterien erfolgte jedoch erst mit der Konstituierung des allgemeinen

56 Siehe hierzu z.B. Mergner 1990
57 Siehe auch Schär, Kühne, Heusinger 1982

Bildungssystems in der DDR, also etwa ab 1950.[58] In der sich ent-
wickelnden Ausgestaltung der Berufsausbildungen wurde die Krankenpflegeschule als selbständige Bildungsstätte mit der Bezeichnung
„Fachschule für Krankenpflege" in das Berufsbildungssystem integriert. Im Laufe der folgenden Jahre bildeten sich „medizinische Fach-
schulen", in denen verschiedene Berufszweige vertreten waren. Der
Veröffentlichung des Ministeriums für Gesundheitswesen ist zu entnehmen, daß siebzehn Berufe mit medizinischer Fachschulausbildung
und nochmals weitere fünfzehn Berufe mit FacharbeiterInnenabschluß
existierten.[59] Die FacharbeiterInnenqualifikation lag unterhalb der
Fachschulqualifikation; eine Durchlässigkeit nach oben war grundsätzlich gegeben.

Die Krankenpflegeausbildung wurde bis in die sechziger Jahre als
Fachschulausbildung organisiert, Voraussetzung war der Abschluß der
zehnten Klasse der POS. Diesem langen Bildungsweg wurde dann ab
1961 – wohl auch wegen Personalmangels im Gesundheitswesen – ein
kürzerer Weg hinzugefügt. Die Krankenpflegeausbildung wurde nun
auch als FacharbeiterInnenausbildung durchgeführt. Hier war der Abschluß der achten Klasse der POS als Voraussetzung festgelegt. Durch
diese Veränderung wurden zwei Grundqualifikationen eingeführt: Mit
der Fachschulausbildung wurde man Krankenschwester bzw. Krankenpfleger, mit der FacharbeiterInnenausbildung FacharbeiterIn für Krankenpflege. Die Ausbildung dauerte in beiden Bereichen drei Jahre, die
Differenz lag beim geforderten Schulabschluß und den durch die Ausbildung erworbenen Berechtigungen im Beschäftigungssystem, die für
Krankenschwestern/-pfleger weitreichender waren als für die Fachar-
beiterInnen.

Während für die Fachschulbildung Ausbildungsinhalte und -schwer-
punkte sowie die Berechtigung im Beschäftigungssystem der DDR
festgelegt waren, bestand für die FacharbeiterInnenausbildung ein Berufsbild, in dem relativ umfangreich wesentliche Tätigkeiten festgelegt

---

58 Die hier verwendeten Daten sind entnommen: Wolff 1990 und Ministerium für Gesundheitswesen 1977
59 Siehe Ministerium für Gesundheitswesen 1977, S. 37-55.

waren. Nach erfolgreicher FacharbeiterInnenausbildung konnte mittels Fernstudium die Qualifikation Krankenschwester/Krankenpfleger erreicht werden.[60] Der Einstieg in die Berufsausbildung war in der DDR im allgemeinen über die zwei hier beschriebenen Wege möglich. Mit einer Berufsausbildung wurden auch allgemeine Qualifikationen erworben, nach erfolgreichen Abschlüssen war der Weg in die nächste Stufe im Bildungssystem formal offen. Für die Krankenpflege war die Ausbildung zum(r) LehrausbilderIn und LehrmeisterIn sowie zum(r) FachschullehrerIn und GewerbelehrerIn vorgesehen.

Ab Ende der sechziger Jahre wurde das Tätigkeitsfeld auch in die Ausbildung an der Hochschule integriert, indem ein Studiengang ,,Medizinpädagogik" geschaffen wurde. Das Studium schloß mit dem akademischen Grad Diplom-Medizinpädagoge ab. Die Möglichkeit zu wissenschaftlichem Arbeiten in diesem Bereich war somit gegeben. (Wolff, auf dessen Beitrag hier u.a. Bezug genommen wird, ist Diplom-Medizinpädagoge, Dr. päd. und arbeitet als Medizinhistoriker in Ost-Berlin mit dem Schwerpunkt: Geschichte der nicht-ärztlichen Gesundheitsberufe.)

Die Krankenpflegeausbildung hatte in der DDR demnach keinen Sonderstatus, insofern sind normative Benachteiligungen im Vergleich zu anderen Berufen nicht zu vermuten. Auf der strukturellen Ebene der Berufsentwicklung läßt sich als wesentliche Differenz zwischen ehemaliger DDR und ehemaliger BRD die Durchlässigkeit bzw. Nichtdurchlässigkeit im jeweiligen Bildungssystem festmachen. In den neuen Bundesländern gibt es eine Anzahl von akademisch Qualifizierten im Bereich Krankenpflege (genauer: Medizinpädagogen), die in den alten Bundesländern keine Entsprechung haben.

Da seit einigen Jahren die Forderung nach Akademisierung der Pflege erhoben wird, wäre hier die Übernahme des DDR-Modells zu prüfen, von Wolff wird dies als Forderung formuliert. In die aktuelle Diskussion um die Etablierung eines Pflegestudiums an der Freien Universität Berlin (siehe hierzu auch Punkt 7. der Arbeit) wird die

---

60 Siehe hierzu: Bundesanstalt für Arbeit 1990, S. 95 f. und Bürgel 1983, S. 355 f.

Akademisierung der Pflege in der DDR allerdings kontraproduktiv eingebracht. Einem Beitrag von Botschafter ist zu entnehmen, daß mit Verweis auf den Studiengang Medizinpädagogik an der Humboldt-Universität in Potsdam der geforderte Studiengang „Lehrerin für Pflege" an der Freien Universität Berlin von seiten der Universitätsverwaltung als nicht notwendig eingeschätzt wird. Sollte sich dieses Votum durchsetzen, würde bedauerlicherweise ein positiver Aspekt des Bildungswesens in der ehemaligen DDR dazu benutzt, Defizitäres in der BRD zu stabilisieren.[61]

---

61 Botschafter 1991, S. 28 f.

Die ÖTV:
„Unabhängig von der Forderung nach einer Reform der
Ausbildung für die Berufe im Gesundheitswesen ist die
Anwendung des Berufsbildungsgesetzes in den vom
Krankenpflegegesetz nicht geregelten Teilen der Aus-
bildung im dualen System durchzusetzen."[62]

Die Kirche:
„Außer Zweifel steht, daß das duale Konzept, das dem
Berufsbildungsgesetz zugrunde liegt, für die Kranken-
pflege nicht gilt. Das duale Konzept wird gekennzeich-
net durch die räumliche Trennung und institutionelle
Unabhängigkeit der Lernorte Betrieb und Berufsschule.
Im integrierten Konzept der Krankenpflegeschule ist
diese Trennung aufgehoben."[63]

5. Geschichte einer Gesetzesnovellierung – im Zeitraum von ungefähr 1970 bis 1985

5.1. Versuch einer Integration ins Berufsbildungssystem

Von Anfang der siebziger Jahre bis zur Verabschiedung des Krankenpflegegesetzes von 1985 wurde eine Diskussion um die Neuordnung der
Krankenpflegeausbildung geführt. Für die Themenstellung der Arbeit
sind diese Auseinandersetzungen interessant, denn hier wurde erstmals
die Frage nach einer Integration ins Berufsbildungssystem breiter thematisiert.

Ausgangspunkt für die Gesetzesnovellierung waren zum einen Forderungen um Zulassung zu dieser Ausbildung mit 16 Jahren, um einen
nahtlosen Übergang von der allgemeinbildenden Schule zu ermöglichen, zum anderen sollten die Richtlinien zur Krankenpflegeausbildung, die in der Europäischen Gemeinschaft 1967 mit einem „europäischen Übereinkommen über die theoretische und praktische Ausbil-

---

62 ÖTV (Hrsg.) 1976: Beschluß des geschäftsführenden Hauptvorstandes der Gewerkschaft
ÖTV vom 23. Juli 1974.
63 Isensee 1980, S. 14

dung von Krankenschwestern und Krankenpflegern" verabschiedet wurden, zur Anwendung kommen.[64] Auch spielten Anfang der siebziger Jahre einmal wieder Rekrutierungsprobleme von Pflegepersonal eine bedeutende Rolle. Der Personalmangel wurde 1971 mit 30.000 bis 40.000 Pflegepersonen beziffert.[65]

Die Gesamtsituation im Gesundheitswesen Anfang der siebziger Jahre war von Kritik am System der gesundheitlichen Versorgung und Ausbildung, vor allem im Krankenhaus, charakterisiert. Im Blickfeld der Kritik standen die hierarchischen Strukturen mit ihren inhumanen Auswirkungen auf die Patientenversorgung. Die schwerpunktmäßige Ausrichtung der Medizin auf die Therapie, der Mangel an präventivem Medizinverständnis wurde gleichfalls thematisiert.[66]

Illich, der „1974 die Debatte um das krebsartig wuchernde Medizinsystem der Industriestaaten eröffnete" [67], konstatiert:

„... andererseits wird Pflegepersonal in den unteren Rängen immer knapper. Schlechte Gehälter, die zunehmende Geringschätzung für Dienst- und Haushaltsberufe, die Vermehrung der chronischen Patienten (und folglich der wachsende Verdruß an ihrer Pflege), die schwindende religiöse Motivation ..."[68]

tragen zu dieser Verknappung bei. Weiter kommt Illich zu der Einschätzung, daß die Ökonomie des Krankenhauses die der hochtechnischen Gesellschaft reflektiert; im Pflegepersonal sieht er ein neues Subproletariat (Vasallen der Medizin).

---

64 Gesetz zu dem europäischen Übereinkommen vom 25. Oktober 1967 über die theoretische und praktische Ausbildung von Krankenschwestern und Krankenpflegern und europäisches Übereinkommen über die theoretische und praktische Ausbildung von Krankenschwestern und Krankenpflegern. In: Kurtenbach/Golombek/Siebers: Krankenpflegegesetz mit Ausbildungs- und Prüfungsverordnung für die Berufe in der Krankenpflege. Kommentar. Stuttgart 1986, S. 194 ff.
65 Kruse 1978, S. 21
66 Siehe z.B. Rohde 1973
67 Illich 1987, Klappentext
68 ebd., S. 281 f.

Auch wenn Labisch/Spree zugestimmt wird, daß hier ein „geradezu imperialistischer Erklärungsanspruch"[69] erhoben wird, so hatten dieses und ähnliche Konzepte durchaus einen zeitgeschichtlichen Effekt. Die Debatte um die Ausbildungsstrukturen der „Vasallen" im Gesundheitswesen wurde in der BRD allerdings weitgehend auf einer anderen Ebene ausgetragen.

Im Zusammenhang mit der Novellierung des Krankenpflegegesetzes war immerhin von Neuordnung die Rede. Im folgenden sollen zwei Bereiche, die für die nun *15 Jahre* dauernde Neuordnungsdebatte als wesentlich eingeschätzt werden, dargestellt werden, zum einen die *Initiativen des Gesetzgebers und die Reaktion der Verbände auf diese,* zum anderen die *Rechtsprechung der Arbeitsgerichte* im selben Zeitraum, die damit befaßt waren zu klären, ob das Berufsbildungsgesetz von 1969 (BBiG) auf die Krankenpflegeausbildung anzuwenden sei.

Vorab sei festgestellt, daß auch diese Diskussion kein bildungspolitisches Ereignis war. Die Auseinandersetzungen um die Effizienz des dualen Systems – die Kritik dieses bundesdeutschen Modells – blieben ausgespart. Vereinzelte politische Initiativen, z.B. aus Nordrhein-Westfalen, die Ausbildung entsprechend dem Bildungsbericht 1970 zu gestalten, scheiterten.[70] Durch gewerkschaftliches Engagement erreichte Anpassungen wirkten nur punktuell.

Mit zwei 1974 und 1975 vorgelegten Referentenentwürfen eines „Gesetzes über nicht-ärztliche Heilberufe in der Geburtshilfe und Krankenpflege" legte der Gesetzgeber eine äußerst konfliktreiche Konstruktion vor. Bei weitgehender Beibehaltung der vorhandenen Struktur sollte die Ausbildung verschult werden, ohne Klärung der Fragen nach Schultyp und Lehrerqualifikation. Lediglich im ersten Ausbildungsjahr hätte die Anzahl der Stunden für die theoretische Ausbildung gegenüber der praktischen überwogen. Im weiteren Ausbildungsverlauf hätte die praktische Ausbildung ca. 70% umfaßt.[71]

---

69 Labisch/Spree 1989, S. 7
70 Siehe hierzu Kruse 1978, S. 24 und Punkt 4.4. dieser Arbeit
71 Kruse 1978, S. 34

Die Richtlinien aus dem Europäischen Übereinkommen sollten durch diesen Entwurf in bundesdeutsches Recht umgesetzt werden. Die wesentlichen Fragen der Berufsausbildung in der Krankenpflege waren so festgelegt, daß neue Unklarheiten vorformuliert waren. Einer schulischen Ausgestaltung der Ausbildung steht das Europäische Übereinkommen bei einer Ausbildungsdauer von drei Jahren negativ gegenüber, da hier vorgesehen ist, daß mindestens die Hälfte der Ausbildung praktisch erfolgen muß. Es wird von einer Gesamtstundenzahl von 4.600 Stunden ausgegangen. Mindestens ein Drittel (minimal 1.533 Stunden) sind für die Theorie vorgesehen.

Da nach den Schulgesetzen der BRD eine schulische Ausbildung überwiegend theoretischen Unterricht zu umfassen hat, wird aufgrund dieser Vorgaben schon hinreichend deutlich, daß eine Integration der Krankenpflegeausbildung in den schulischen Teil der Berufsausbildung grundlegende Veränderungen erfordert hätte; diese waren jedoch nicht geplant. Die Begriffe Schule oder schulisch wurden in diesen Referentenentwürfen so eingesetzt wie im bisher geltenden Krankenpflegesetz auch. Es wurde von Schule und schulisch gesprochen, wo betriebliche Ausbildung geplant war und praktiziert wurde. Eine Neuordnung der Krankenpflegeausbildung entsprechend den Strukturen des Berufsbildungssystems in der BRD wurde mit diesen Referentenentwürfen nicht geleistet, der Anschluß im Kontext der Bildungsreform verpaßt.

5.2. Das Scheitern der Integration ins Berufsbildungssystem

Während der Gesetzgeber mittels dieser Referentenentwürfe die Krankenpflegeausbildung neu zu ordnen suchte, wurden die Arbeitsgerichte mit Fragen der Ausbildungsbedingungen konfrontiert. 1975 war das Arbeitsgericht damit befaßt zu klären, ob in Bezug auf Regelungen zur Probezeit das Berufsbildungsgesetz für die Krankenpflege anzuwenden sei.[72] Die Anwendung des Berufsbildungsgesetzes wurde befürwortet, in der Begründung wurde u.a. festgestellt, daß die Krankenpflegeausbil-

---

72 LAG Baden-Württemberg, Kammer Mannheim, 6 Sa 68/75 am 15.11.1975

dung keine schulische, sondern eine betriebliche Ausbildung sei.
Der/die im Krankenpflegegesetz als SchülerIn Bezeichnete steht in
einem arbeitsrechtlichen Ausbildungsverhältnis und ist somit kein(e)
SchülerIn. Mit dieser Entscheidung wurde die bis zu diesem Zeitpunkt
sechs Monate dauernde Probezeit für rechtswidrig befunden. In den
folgenden Jahren ergingen noch einige Urteile zum Sachverhalt: Die
gerichtlichen Entscheidungen bestätigten den dualen Charakter der
Ausbildung. Die dadurch erreichte punktuelle Gleichbehandlung der
Auszubildenden in der Krankenpflege wurde allerdings nicht immer in
praktisches Handeln umgesetzt. Das Ministerium für Arbeit, Gesundheit und Sozialordnung Baden-Württemberg argumentierte trotz dieser
Rechtslage gegen die Anwendung des Berufsbildungsgesetzes. Da es
sich bei den Krankenpflegeschulen um öffentliche Schulen handele, auf
die allerdings die Schulgesetze des Landes nicht angewendet würden,
sei die Krankenpflegeausbildung trotzdem eine dem § 2 (1)[73] des Berufsbildungsgesetzes entsprechende Berufsbildung. Mit dieser Argumentation wurde die tatsächliche Struktur der Ausbildung konterkariert.[74]

Die Krankenpflegeausbildung ist der Organisation nach eher eine
ausschließlich betriebliche Ausbildung, denn auch die Krankenpflegeschule ist in der Regel ein organisatorischer Teil des jeweiligen Krankenhauses. Aber auch, wenn die Krankenpflegeschule den Schulgesetzen des Landes unterstellt wäre, würde dies am betrieblichen Charakter
der Ausbildung nichts ändern.[75]

Während die Gewerkschaft ÖTV mit dieser Rechtsprechung ihre
Position für die Integration der Krankenpflegeausbildung ins duale
System bestätigt sah, sahen der Bundesrat, die öffentlichen und kirchlichen Arbeitgeber und Verbände hier eine Rechtsunsicherheit, die es zu
beseitigen gelte. 1983 wurde vom Bundesrat gefordert, in einem neuen

---

73 „(1) Dieses Gesetz gilt nicht für die Berufsbildung, soweit sie nicht in berufsbildenden
Schulen durchgeführt wird, die den Schulgesetzen der Länder unterstehen". Zitiert nach Weber
1986, S. 14
74 Siehe hierzu: Mißachtung von Recht und Gesetz in der Ausbildung, dokumentiert am
Beispiel der Ausbildung in der Krankenpflege. ÖTV Baden-Württemberg, Stuttgart 1979.
75 Schneider 1980

Krankenpflegegesetz die Anwendung des Berufsbildungsgesetzes explizit auszuschließen. Dies wurde folgendermaßen begründet:

„Damit wird eine seit Inkrafttreten des Berufsbildungsgesetzes (1. September 1969) herrschende Rechtsunsicherheit über den Umfang der Anwendung des Berufsbildungsgesetzes beseitigt, die wegen der Formulierung in § 107, Absatz 1 BBiG in der Vergangenheit immer wieder zu Gerichtsverfahren geführt hat." [76]

Isensee, der im Auftrag kirchlicher Arbeitgeber ein Rechtsgutachten vorlegte, stellte fest:

„Außer Zweifel steht, daß das duale Konzept, das dem Berufsbildungsgesetz zugrunde liegt, für die Krankenpflegeausbildung nicht gilt." [77]

Die Deutsche Krankenhausgesellschaft (DKG), die Organisation der öffentlichen Arbeitgeber, argumentierte:

„Sie (die Krankenpflegeausbildung, R.B.) ist aber auch keine betriebliche Ausbildung im Sinne des Berufsbildungsgesetzes." [78]

Der Stadtstaat Bremen vertrat eine andere Rechtsauffassung und ging einen anderen Weg. Mit einem Senatsbeschluß vom 31.10.1977 sollte im Land Bremen, der Entscheidung der Arbeitsgerichte Rechnung tragend, das Berufsbildungsgesetz für die Krankenpflegeausbildung zur Anwendung kommen. Ab Februar 1978 wurden konkrete Schritte festgelegt. Man setzte zunächst Schwerpunkte; neben der rechtlichen Absicherung der Auszubildenden durch einen Ausbildungsvertrag nach dem BBiG waren dies insbesondere:

1. Eintragung der Berufsausbildungsverträge in das Verzeichnis beim Senator für Arbeit,
2. Bestellung von Ausbildern,

76 Zitiert nach: Drucksache 446/83, Bundesrat, vom 14.10.1983, S. 20
77 Isensee 1980, S. 14
78 Zitiert nach: Deutsche Krankenpflegezeitschrift, H. 8/79. Stuttgart. Stellungnahme zur öffentlichen Anhörung vor dem Bundesausschuß für Jugend, Familie und Gesundheit zum Entwurf eines Krankenpflege- und Hebammengesetzes am 30. Mai 1979, S. 7.

3. Bestellung von Ausbildungsberatern und
4. die Einrichtung eines Berufsbildungsausschusses für den Bereich Heil- und Heilhilfsberufe.

Am 17. Juni 1981 erließ der Senator für Gesundheit und Umweltschutz eine Dienstanweisung in der Sache. In 9 Punkten wurden die Umsetzungsbestimmungen geregelt. Eine Stellenbeschreibung für Ausbilder war ebenfalls erstellt worden, die sich an der Ausbildereignungsverordnung des öffentlichen Dienstes vom 16. Juli 1976 orientierte. Die hier in Bremen vorgenommenen Regelungen zur Organisation der Krankenpflegeausbildung zeigen in ersten Ansätzen die mögliche Effektivität des Instrumentariums BBiG. Entgegen den Behauptungen von Kirchen- und Arbeitgebervertretern ist das BBiG geeignet, die Ausbildung in der Krankenpflege zu gestalten.[79] Hamburg verfuhr in den folgenden Jahren ähnlich.

5.3. Auseinandersetzungen und Ergebnisse einer Ausbildungs„reform"

Mit einem 1979 vorgelegten Gesetzesentwurf der Bundesregierung wurde der Rechtsprechung der Arbeitsgerichte erstmals Rechnung getragen.[80] Bei der Einbringung des Gesetzentwurfs in die parlamentarische Beratung trug Ministerin Huber die Zielsetzung vor, die hier nur in wesentlichen Punkten dargestellt werden soll. Gleich zu Beginn ihrer Ausführungen wurde betont, daß die Neuordnung keine Abkehr von gewachsenen und bewährten Strukturen bedeute.

Folgende grundsätzliche Probleme sollten gelöst werden:

– *Erweiterung und Verbesserung der Ausbildung*
  Die europäischen Richtlinien sollten in bundesdeutsches Recht umgesetzt werden. Für die im Gesetz genannten Berufe war eine einheitli-

79 Siehe auch Menger 1979
80 Drucksache 8/2741, Entwurf eines Gesetzes über die Berufe in der Krankenpflege und den Beruf der Hebamme und des Entbindungspflegers (Krankenpflege- und Hebammengesetz – Kr.pfl.Heb.G -). Bonn 1979.

che Grundbildung vorgesehen, was lediglich beinhaltete, daß die Grundbildung im ersten Jahr einheitlich sein sollte. Ein Berufsgrundbildungsjahr, wie in der beruflichen Bildung zunehmend üblich, war nicht gemeint, ebensowenig eine gemeinsame Grundbildung. Die Ausbildungsinhalte waren aktuellen Anforderungen angepaßt worden, so war z.b. eine stärkere Gewichtung der psychosozialen Komponente geplant.

– *Eine Klärung der Ausbildungsstruktur durch das Gesetz war beabsichtigt.*
Die Anwendung des Berufsbildungsgesetzes wurde bejaht, gleichzeitig aber betont, daß es zu einer Aufsplitterung in einen Lernort Betrieb-Krankenhaus einerseits und Berufsschule andererseits nicht kommen solle. Vor allem die Regelungen des Berufsbildungsgesetzes, die die Interessen der Auszubildenden berücksichtigten, seien zu beachten, vorgesehen war eine teilweise Anwendung des BBiG, im einzelnen die Paragraphen 1-18, 20-24, 31-33, 44, 45, 54-59 und 99. Das Prüfungswesen in den aufgrund dieses Gesetzes (Kr.pfl.Heb.G.) zu erlassenden Ausbildungs- und Prüfungsordnungen war sinngemäß den § 34-43 des Berufsbildungsgesetzes entsprechend zu regeln.[81]

Dieser Gesetzentwurf wurde zum Anlaß heftiger Kontroversen, vor allem um die Frage der Integration der Krankenpflegeausbildung ins Bildungssystem durch die Anwendung des BBiG. Die parlamentarische Opposition lehnte die Anwendung des BBiG ab, man plädierte für die Beibehaltung der vorhandenen Struktur, eine Ausbildung eigener Art wurde als einzig gangbarer Weg gefordert, vor allem im Interesse der kirchlichen Schwesternverbände und der kirchlichen Krankenhausträger. Der Gesetzentwurf wurde als „gegen die Ratschläge von Experten" erdachte Reform charakterisiert.[82] Ablehnung wurde auch von kirchlicher Seite mit dem Einsatz großer Mittel betrieben: Das Rechtsgutach-

---

81 Siehe hierzu Plenarprotokoll 8/139, S. 11024, zur Einbringung des Regierungsentwurfs eines Krankenpflege- und Hebammengesetzes von 1979 im Deutschen Bundestag am 16.2.1979, S. 11015-11017.
82 Ebd., S. 11020

ten von J. Isensee stellte gar die Verfassungsmäßigkeit dieses Gesetzentwurfes in Frage.

„Fazit: Der Regierungsentwurf entzieht sich der verfassungskonformen Auslegung."[83]

Mit der Anwendung des Berufsbildungsgesetzes sahen die Kirchenvertreter die christliche Krankenpflege in Gefahr. Ein ordnendes und kontrollierendes Eingreifen wurde als Gefahr für die kirchliche Autonomie gesehen. Grundsätzliche Ablehnung wurde neben den genannten Organisationen auch vom Deutschen Berufsverband für Krankenpflege[84] und der Arbeitsgemeinschaft Deutscher Schwesternverbände[85] geäußert. Von seiten der Gewerkschaften wurde die nur teilweise Anwendung kritisiert. Die Berufsorganisationen und Fachverbände diskutierten verschiedene Punkte durchaus kontrovers; die große Differenz trat jedoch gegenüber der gewerkschaftlichen Position geschlossen zutage. Hier ergibt sich ein Bild wie am Anfang des Jahrhunderts geistliche und berufsständische Organisationen hier, Gewerkschaften da. Die Gleichstellung dieser Berufsausbildung mit vergleichbaren Berufen wird von den Verbänden, auch von den nichtkonfessionellen, immer noch abgelehnt.[86]

Die Kontroverse um das Berufsbildungsgesetz wurde formal 1985 beendet, im nun verabschiedeten Krankenpflegegesetz wurde die Anwendung des Berufsbildungsgesetzes explizit ausgeschlossen. Nach fünfzehnjähriger Diskussion um Neuordnung blieb in der Krankenpflegeausbildung fast alles beim Alten. Die Entscheidungen der Arbeitsgerichte zur Anwendung des BBiG und die ersten Versuche in Bremen und Hamburg machen deutlich, daß hier nicht sachliche Argumente den Ausschlag gaben. Die Interessen der kirchlichen Verbände, der Arbeitgeber schlechthin, wurden zur Vorgabe für die politische Entscheidung.

---

83 Isensee 1980, S. 73
84 DBfK – Nachfolgeorganisation der BO von A. Karll
85 ADS – Zusammenschluß von katholischen und evangelischen sowie der Pflegeorganisationen des deutschen Roten Kreuzes
86 Siehe hierzu Protokoll Nr. 54, Deutscher Bundestag, 8. Wahlperiode, 1976; Stenographisches Protokoll, 54. Sitzung des Ausschusses für Jugend, Familie und Gesundheit am Mittwoch, den 30. Mai 1979. Bonn, Bundeshaus.

Dieses Interessenprimat, das als Muster am Anfang des Jahrhunderts die ersten staatlichen Regelungen maßgeblich beeinflußt hatte, blieb bestehen.

Durch einen Vergleich der Rechtsgrundlagen des dualen Systems und des Sonderrechts in der Krankenpflege, wie im nächsten Abschnitt dieser Arbeit vorgenommen, soll verdeutlicht werden, daß es sich bei der Streitfrage um die Anwendung des BBiG nicht vor allem um eine ideologische Auseinandersetzung handelt, was bei der Betrachtung der Diskussion um die Gesetzesnovellierung als Interpretation naheliegt. Die Arbeitgeber als Ausbildungsträger sehen durch die Anwendung des BBiG ihre ,,Direktionsfreiheit" eingeschränkt.[87] Die ausbilderfreundlichen Freiräume des BBiG werden von dieser Seite schon als deutliche Einschränkung beurteilt, jede ,,Einmischung" von außen abgelehnt.

Gleichwohl ist zu betonen, daß mit der Anwendung des BBiG lediglich grundlegende Voraussetzungen für die strukturelle Entwicklung im Berufsfeld Gesundheitswesen und hier für die Krankenpflege eingeleitet würden. Seit Jahren steht die Gesamtstruktur der Arbeitsteilung im Gesundheitswesen zur Disposition. Das Dilemma aller ,,nicht-ärztlichen" Berufe ist ihre mangelnde Autonomie, die von der Medizin erzwungene Unterordnung. Das ärztliche Monopol auf Diagnostik und Therapie schlechthin behindert die Berufsentwicklungen ebenso wie eine den Problemen der Bevölkerung angemessene Gesundheitsversorgung. Hier sind Veränderungen und Anpassungen dringend erforderlich, die nicht nur eine Neuordnung der die Ausbildung gestaltenden Rechtsgrundlagen betreffen.

Deutlich wird die Misere an den Arzthelferberufen: Diese Ausbildungen werden – entgegen allen anderen im Gesundheitswesen – entsprechend dem Berufsbildungsgesetz gestaltet. Hier wird der Bedarf nach Veränderung der Berufsstruktur und darüber hinaus der Struktur des Gesundheitswesens ebenso deutlich wie die Mängel von Berufsausbildung im ,,Kleinbetrieb Arztpraxis". Eine Ausgestaltung der Ausbil-

---

87 Siehe hierzu Fredebeul 1985

dung außerhalb des BBiG würde aber auch hier die Probleme nicht lösen, sondern verschärfen.[88]

---

88 Siehe hierzu auch Meifort 1985

6. Folgen der Sonderstellung – die Ausbildungswirklichkeit bzw. die sichtbare Realität

6.1. Zur Berufsentwicklung

Im folgenden soll das „geordnete Chaos"[89] einer Berufsbildung mit dualem Charakter außerhalb des dualen Systems dargestellt werden. Soweit zu dieser speziellen Fragestellung keine Literatur vorliegt, wird anhand der normativen Vorgaben verglichen. Das Ordnungsinstrumentarium des dualen Systems, insbesondere das BBiG, wird dem Krankenpflegegesetz und der Ausbildung- und Prüfungsverordnung gegenübergestellt. Ergänzend wird an einigen Punkten durch die Ergebnisse einer Befragung von 40 Krankenpflegeschulen der Sachverhalt illustriert. Es wurden 65 Krankenpflegeschulen angefragt, von 40 kam der Fragebogen zurück. Die Schulen wurden zufällig ausgewählt, die Ergebnisse haben keine wissenschaftlich-empirische Aussagekraft; lediglich Tendenzen werden hier sichtbar. Eine empirische Untersuchung wie die von Damm-Rüger u.a. zur Struktur der betrieblichen Ausbildungsgestaltung in Industrie, Handel und Handwerk, die in repräsentativer Weise Aspekte der Ausbildungswirklichkeit erfaßt, fehlt für die Krankenpflegeausbildung. Die Diskussion um die Ausbildungsgestaltung in den Pflegeberufen wird ohne empirische Grundlagen geführt.[90] Im § 1 des Berufsbildungsgesetzes wird die berufliche Qualifizierung durch folgende Merkmale charakterisiert:

(2) „Die Berufsausbildung hat eine breit angelegte berufliche Grundbildung und die für die Ausbildung einer qualifizierten beruflichen Tätigkeit notwendigen fachlichen Fertigkeiten und Kenntnisse in einem geordneten Ausbildungsgang zu vermitteln. Sie hat ferner den Erwerb der erforderlichen Berufserfahrungen zu ermöglichen."[91]

---

89 Siehe Brenner 1992
90 Damm-Rüger et al. 1988

Durch das Gesetz zur Förderung der Berufsbildung durch Planung und Forschung (Berufsbildungsförderungsgesetz – BerBiFG) von 1981 ist festgelegt:

§ 2 ,,Ziele der Berufsbildungsplanung
(1) Durch die Berufsbildungsplanung sind Grundlagen für eine abgestimmte und den technischen, wirtschaftlichen und gesellschaftlichen Anforderungen entsprechende Entwicklung der beruflichen Bildung zu schaffen."

§ 3 ,,Berufsbildungsbericht
In dem Bericht ist die voraussichtliche Weiterentwicklung des Ausbildungsplatzangebots der kommenden Jahre darzustellen. Erscheint die Sicherung eines ausgewogenen Angebots als gefährdet, sind in den Bericht Vorschläge für die Behebung aufzunehmen."

§ 6 ,,... (2) Das Bundesinstitut für Berufsbildung hat die folgenden Aufgaben: ... 4. die Berufsbildungsforschung nach dem durch den Hauptausschuß (§ 8) zu beschließenden Forschungsprogramm durchzuführen, Modellversuche zu betreuen und die Bildungstechnologie durch Forschung zu fördern; das Forschungsprogramm bedarf der Genehmigung des zuständigen Bundesministers; die wesentlichen Ergebnisse der Berufsbildungsforschung sind zu veröffentlichen ..." [92]

Diese Vorgaben fehlen für die Krankenpflegeausbildung. Allgemeine Entwicklungen der Berufsbildung wie die Schaffung einer breiten Grundlagenqualifikation finden bei allen Problemen hier nicht statt. Im Gegenteil: Die Berufsstruktur ist durch enge Spezialisierung und somit wenig Durchlässigkeit charakterisiert. Im Laufe der Novellierung des Krankenpflegegesetzes ist es noch nicht einmal gelungen, die Pflegeberufe und den Beruf der Hebamme/des Entbindungspflegers in einer gesetzlichen Regelung zu fassen. Der ,,Sackgassencharakter" des Berufes ist nicht zuletzt auch ursächlich für die kurze Verweildauer in diesem Beruf.

Aus der Berufsbildungsforschung ist das Berufsfeld ebenso ausgeschlossen, Forschungsvorhaben über die Grundlagen der Berufsbildung über Inhalte, Ziele und Anpassung fehlen weitgehend. Die Ergebnisse

---

91 Zit. nach Weber 1986, S. 13
92 Ebd., S. 161-168

vorhandener Arbeiten[93] haben auf die Gestaltung der Ausbildung wenig Einfluß; im Berufsbildungsbericht und in der Berufsstatistik ist die Krankenpflegeausbildung nicht erfaßt. In die Festschreibung von Ausbildungsinhalten fließen kaum Ergebnisse der Berufsbildungsforschung, sie leiten sich mehr oder weniger direkt aus der Praxis ab. Berufsentwicklung mittels Ausbildungsordnung bleibt aus.

Der zyklisch auftretenden Rekrutierungsproblematik für den Krankenpflegeberuf könnte durch die Vorgaben, die das Instrumentarium Berufsbildungsbericht bereitstellt, entgegengewirkt werden. Eine „Förderung der Berufsbildung" bleibt aus, gesellschaftliche Entwicklungen, insbesondere die des Gesundheitswesens, werden so kaum erfaßt und entsprechend berücksichtigt. Einer eigenständigen Berufsentwicklung sind hierdurch schon Grenzen gesetzt. Auch wenn einzuräumen ist, daß Erkenntnisse der Berufsbildungsforschung in den Bereichen, in denen sie betrieben wird, nicht immer die Ausbildungspraxis bestimmen, im Bereich der Krankenpflegeausbildung ist die Möglichkeit einer solchen Bestimmung noch nicht einmal gegeben.

In der fünfzehn Jahre dauernden Diskussion um die Neuordnung der Krankenpflegeausbildung hatten Forschungsergebnisse betreffs Qualifikationsanforderungen und Veränderungen in diesem Berufsfeld wenig Relevanz, die Interessen der die Ausbildung durchführenden Organisationen setzten sich hier durch. Bezogen auf die Inhalte der Krankenpflegeausbildung ist bis heute das strukturierende Element die Medizin in der Verengung der Krankenhausmedizin. Die Entwicklungen hier sind wesentlich für den „Hilfsberuf Krankenpflege". Allerdings kann die Alternative nicht die häufig in berufspolitischen Zusammenhängen diskutierte Trennung von Helfen und Heilen sein. Elkeles zustimmend ist dies im Hinblick auf ein psychosomatisches, integriertes Medizin- und Krankheitsverständnis hinderlich.

„Was ist Pflege, die nicht Medizin ist? Und wenn es Pflege ohne Medizin geben soll, was ist dann Medizin?"[94]

---

93 Z.B. Meifort, Paulini 1984
94 Bartholomeyczik, zit. nach Elkeles 1988, S. 15

6.2. Krankenpflegeschule statt Berufsschule

Die Bezeichnung „Schule" und „Schüler/Schülerinnen" wurde auf Wunsch des Bundesrates gewählt, obwohl sie von der bildungspolitisch allgemein üblichen Nomenklatur abweicht.[95] Die Krankenpflegeschule organisiert im Betrieb den theoretischen und praktischen Teil der Ausbildung. Die Ausbildung ist demnach eine ausschließlich betriebliche Ausbildung mit theoretischen Anteilen. Das Element staatliche Berufsschule des dualen Systems fehlt.

> „Im Gesundheitswesen heißen die Berufsfachschulen nur selten so, hier wird im allgemeinen und wohl *aus Tradition* (Hervorh. R.B.) die noch immer ein wenig nach Zucht und Ordnung riechende Bezeichnung Lehranstalt bevorzugt." [96]

Von einer Schule im schulrechtlichen Sinne unterscheidet sich die Krankenpflegeschule in wesentlichen Punkten. Im Krankenpflegegesetz ist in § 5 Näheres ausgeführt.

> „... Unterricht und praktische Ausbildung werden in *staatlich anerkannten Kranken- pflege- und Kinderkrankenpflegeschulen an Krankenhäusern vermittelt.*
> (2) Krankenpflege- und Kinderkrankenpflegeschulen sind als geeignet für Ausbildungen nach Absatz 1 staatlich anzuerkennen, wenn sie
> 1. entweder von einer Unterrichtsschwester oder einem Unterrichtspfleger, gemeinsam von einer Ärztin oder einem Arzt und einer Unterrichtsschwester oder einem Unterrichtspfleger oder gemeinsam von einer Unterrichtsschwester oder einem Unterrichtspfleger und einer leitenden Schwester oder einem leitendem Pfleger geleitet werden,
> 2. über eine im Verhältnis zur Zahl der Ausbildungsplätze ausreichende Zahl von Unterrichtsschwestern oder Unterrichtspflegern sowie an der Ausbildung mitwirkende Ärztinnen oder Ärzte und sonstige Fachkräfte verfügen,
> 3. die erforderlichen Räume und Einrichtungen für den Unterricht besitzen,
> 4. a)für die Krankenpflegeausbildung mit einem Krankenhaus verbunden sind, das die Durchführung der praktischen Ausbildung nach der Ausbildungs-und Prüfungsverordnung für die Berufe in der Krankenpflege durch Krankenschwestern oder Krankenpfleger im Krankenhaus gewährleistet und das, *sofern es sich nicht um ein psychiatrisches oder sonstiges Fachkrankenhaus mit mehr als 150 Betten handelt, mindestens über eine Abteilung für innere Medizin, Chirurgie sowie Gynäkologie, Psychiatrie oder ein anderes Fachgebiet verfügt ..."* [97]

Weitere Regelungen bestehen nicht. In der Krankenpflegeschule arbeiten in der Regel keine LehrerInnen mit Lehramtsprüfung, und es bestehen keine Lehrpläne und Rahmenvereinbarungen der Kultusminister, meist sind die Schulen den Ministerien für Gesundheit, Soziales etc. unterstellt.

Die Krankenpflegeschule nimmt eine bestimmte Anzahl von Schülerinnen/Schülern auf, die dann mit dem Krankenhausträger einen arbeitsrechtlichen Vertrag abschließen und somit Auszubildende sind. Bei den 40 befragten Krankenpflegeschulen stellte sich die Größe der Schulen folgendermaßen dar:

Unter 30 Ausbildungsplätze	3 Schulen
30-70 Ausbildungsplätze	16 Schulen
70-150 Ausbildungsplätze	10 Schulen
über 150 Ausbildungsplätze	5 Schulen
ohne Angaben hierzu	6 Schulen

Man kann die Krankenpflegeschule als unschulische Zwergschule charakterisieren. Eine Schülerzahl von 30-150 ist vermutlich häufig anzutreffen. Im Gegensatz zu den Bestimmungen der 20-22 des Berufsbildungsgesetzes, die über die Berechtigung zum Einstellen und Ausbilden Vorgaben enthalten, bestehen solche Vorgaben für die Krankenpflegeausbildung nicht. Jedes Krankenhaus ist berechtigt auszubilden, sofern die Anforderungen des § 5 Krankenpflegegesetz erfüllt sind.

Bei den 40 befragten Krankenpflegeschulen waren 24 an ein Krankenhaus mit einer Bettenzahl zwischen 200 und 500 angeschlossen. Bei der Größe der Krankenhäuser ergab sich bei der Befragung folgendes Bild:

---

95 Siehe hierzu Kommentar zum Krankenpflegegesetz, a.a.O., S. 74
96 Weichler 1987, S. 76
97 Zit. nach Kommentar zum Krankenpflegegesetz, a.a.O., S. 5 ff. Hervorhebungen von mir, R.B.

Unter 200 Betten	3
200-500 Betten	24
500-1000 Betten	6
über 1000 Betten	5
ohne Angaben hierzu	2

Hieraus läßt sich ablesen, daß viele Krankenpflegeschulen an Krankenhäuser angegliedert sind, die bis zu 500 Betten haben. Bei einer Ausbildungskapazität von 30-70, evt. auch über 70 Ausbildungsplätzen läßt sich der Stellenwert der Krankenpflegeschule zur Aufrechterhaltung des Krankenhausbetriebes ermessen.

Die Integration der Auszubildenden in den Arbeitsprozeß des jeweiligen Krankenhauses ist wohl auch die am häufigsten geführte Klage. In Zeiten mit extremem Personalmangel wie derzeit spitzt sich diese Situation zu. Die hauptamtlichen Lehrkräfte an den Krankenpflegeschulen sind in der Regel Unterrichtsschwestern und Unterrichtspfleger. Diese Qualifikation wird durch eine berufliche Weiterbildung erworben, auch diese Weiterbildung ist überwiegend nicht staatlich oder gesetzlich geregelt, so daß hier verschiedene Formen, Inhalte und Dauer betreffend, möglich sind. Weitere Lehrkräfte im Status nebenamtlicher Dozenten sind Ärzte, Sozialwissenschaftler, Juristen etc., ein großer Teil des theoretischen Unterrichts wird von dieser Gruppe durchgeführt.

Bei den 40 befragten Schulen sind bis auf zwei Abweichungen die hauptamtlichen Lehrkräfte Unterrichtsschwestern und Unterrichtspfleger. An 25 Schulen sind zwischen 2 und 4 Unterrichtsschwestern/-pfleger beschäftigt. Auch hier wird vermutlich ein Trend sichtbar. Die Angaben zu den nebenberuflichen Lehrkräften fehlen häufig; vermutlich ist deren Anzahl in einem ständigen Wechsel, mehrfach wird angegeben, daß über 20 nebenamtliche Lehrkräfte an den Schulen eingesetzt sind. Hier bestätigt sich, was an anderer Stelle schon herausgearbeitet wurde: die Dominanz der nebenberuflichen Lehrkräfte. Diese sind – im Gegensatz zu den hauptberuflichen Unterrichtsschwestern und -pflegern – meist akademisch qualifiziert, in der Regel jedoch nicht pädagogisch.[98] Die Ausbildungsorganisation weist im Einsatz nebenamtlicher

Lehrkräfte Verwandtschaft zur Erwachsenenbildung – etwa in der VHS – auf.

Vorgaben zur Gestaltung der Krankenpflegeausbildung ergeben sich aus der Ausbildungs- und Prüfungsverordnung für die Berufe in der Krankenpflege vom 16. Oktober 1985. Hier ist festgelegt, daß die Ausbildung mindestens 1.600 Stunden Theorie und 3.000 Stunden Praxis umfassen muß. Die Stunden für den theoretischen Unterricht sind in Form eines Themenkataloges auf verschiedene Fächer aufgeteilt; auf das Fach Krankenpflege entfallen z.b. 480 Stunden und auf das Fach Krankheitslehre 360 Stunden. Neben diesen Vorgaben zum Stundenumfang und den Themen der einzelnen Fächer bestehen keine weitere Vorgaben. Für jede einzelne Krankenpflegeschule entstehen so große Spielräume, und es liegt weitgehend im Ermessen des Schulträgers, die Ausbildung durchzuführen.

Solange die Krankenpflegeausbildung in Theorie und Praxis an ein Krankenhaus gebunden ist, ist der schulische Bereich dieser Ausbildung nicht als eigenständige Komponente denkbar. Die Qualifizierung von wissenschaftlich ausgebildeten Lehrkräften und die Anwendung der Schulgesetze wären hierfür als Voraussetzung zu nennen.[99] Dem Charakter nach ist die Krankenpflegeschule eher ,,Lehrwerkstatt" oder ,,überbetriebliche Ausbildungsstätte" denn Schule.

,,Ein Berufsfeld (Gesundheit, R.B.), das von 1970-1980 eine Steiegerung der Beschäftigungszahlen um 73 Prozent verzeichnet und mit 20 bundes- und landesrechtlich geregelten Ausbildungsberufen den Eindruck einer 'zersplitterten Berufsstruktur' hinterläßt, kann die Nachfrage nach einer 'abgestimmten Aus- und Weiterbildungskonzeption' nur erfüllen, wenn das Angebot fachwissenschaftlich und -praktisch ausgebildeter Berufspädagogen wahr- und angenommen wird." [100]

Dieses Resümee hat seine Aktualität bislang nicht verloren.

98 Wanner 1987, S. 190 ff.
99 Siehe hierzu insbesondere Wanner 1987 und Bals 1990
100 Andersen 1984, S. 511

6.3. Zur praktischen Ausbildung

Für die praktische Ausbildung – genauer: die Ausbildung im Krankenhaus außerhalb der Krankenpflegeschule – finden sich Regelungen zur
Gestaltung der Ausbildung im Krankenpflegegesetz und der Ausbil-
dungs- und Prüfungsverordnung. Der Paragraph 4 des Krankenpflegegesetzes legt fest:

„(1) Die Ausbildung für Krankenschwestern und Krankenpfleger und für Kinder-
krankenschwestern und Kinderkrankenpfleger soll die Kenntnisse, Fähigkeiten und
Fertigkeiten zur verantwortlichen Mitwirkung bei der Verhütung, Erkennung und
Heilung von Krankheiten vermitteln (Ausbildungsziel). Die Ausbildung soll insbesondere gerichtet sein auf
1. die sach- und fachkundige, umfassende, geplante Pflege des Patienten,
2. die gewissenhafte Vorbereitung, Assistenz und Nachbereitung bei Maßnahmen
    der Diagnostik und Therapie,
3. die Anregung und Anleitung zu gesundheitsförderndem Verhalten,
4. die Beobachtung des körperlichen und seelischen Zustandes des Patienten und
    der Umstände, die seine Gesundheit beeinflussen sowie die Weitergabe dieser
    Beobachtungen an die an der Diagnostik, Therapie und Pflege Beteiligten,
5. die Einleitung lebensnotwendiger Sofortmaßnahmen bis zum Eintreffen der
    Ärztin oder des Arztes,
6. die Erledigung von Verwaltungsaufgaben, soweit sie in unmittelbarem Zusam-
    menhang mit den Pflegemaßnahmen stehen."

Und 14 führt aus:

„(1) Der Träger der Ausbildung hat
1. die Ausbildung in einer durch ihren Zweck gebotenen Form planmäßig, zeitlich
    und sachlich gegliedert so durchzuführen, daß das Ausbildungsziel (§ 4) in der
    vorgesehenen Ausbildungszeit erreicht werden kann ...

(2) Der Schülerin und dem Schüler dürfen nur Verrichtungen übertragen werden, die
dem Ausbildungszweck dienen. Sie sollen ihren körperlichen Kräften angemessen
sein."[101]

---

101 Kruse 1087, S. 100 sowie Fritz 1964

In der Ausbildung- und Prüfungsverordnung wird in der Anlage 1 zu Paragraph 1, Absatz 1, Teil B – Praktische Ausbildung in der Krankenpflege festgelegt:

„Praktische Ausbildung in

1. allgemeiner Medizin und medizinischen Fachgebieten einschließlich Pflege alter Menschen und Alterskrankheiten – 900 Stunden,
2. allgemeiner Chirurgie und chirurgischen Fachgebieten – 750 Stunden,
3. der Gynäkologie oder Urologie und der Wochen- und Neugeborenenpflege – 350 Stunden,
4. der Psychiatrie, Kinderkrankenpflege und Kinderheilkunde sowie in der Gemeindekrankenpflege (Hauskrankenpflege) oder entsprechender Einrichtungen des Gesundheitswesens – 400 Stunden. Bei der Verteilung der Gesamtstundenzahl von 400 sind die einzelnen Bereiche entsprechend ihrer Bedeutung und der organisatorischen Möglichkeiten der Krankenpflegeschule angemessen zu berücksichtigen.

Zur Verteilung auf die Bereiche 1 bis 4 – 600 Stunden. Stunden insgesamt 3.000 Stunden." [102]

Die Ausgestaltung bzw. Umsetzung dieser Vorgaben bleibt nun im weiteren Sache des Ausbildungsträgers. Vorgaben, wie durch den § 25 des Berufsbildungsgesetzes zur Ausbildungsordnung gegeben, fehlen. Eine Institution wie die Berufsbildungsausschüsse auf Länder- und Bundesebene, wie durch die § 54-59 des Berufsbildungsgesetzes festgelegt, existiert ebenfalls nicht.

Es bleibt dem Träger der Ausbildung vorbehalten, einen Ausbildungsplan festzulegen und zu gewährleisten, daß das offen formulierte Ausbildungsziel erreicht wird. Eine im Rahmen der Gesetzesnovellierung geplante, sachlich und zeitlich gegliederte Ausbildung nach Ausbildungsjahren wurde aufgrund von Bedenken auf seiten der Arbeitgeber und Berufsverbände nicht vorgenommen. Die Regierungspräsidien (RP) können als zuständige Behörde zwar Einfluß nehmen, von der Konstruktion her bezieht sich die Aufgabe des RP jedoch vor allem auf die Leitung und Durchführung der Prüfung und die Erteilung der Be-

102 Ebd., S. 38

rufserlaubnis. Für die Wahrnehmung anderer Aufgaben sind diese Behörden in der Regel schon personell nicht ausgestattet. Der im Regierungspräsidium Darmstadt zuständige Medizinaldirektor Dr. Schmidt wurde in einem Interview zu den Möglichkeiten seiner Behörde befragt. Auf die Frage, inwieweit seine Behörde den Krankenhausträgern Auflagen machen könne, antwortete er:

,,Mein verwaltungstechnisches Instrumentarium ist nicht differenziert genug, um hier wirklich etwas durchzusetzen. Es fehlen auch dafür die Rechtsgrundlagen, um dies direkt durchzusetzen. ...‘‘

Zur personellen Ausstattung seiner Behörde machte er folgende Ausführungen:

,,Ich habe insgesamt im Regierungsbezirk Darmstadt 106 staatlich anerkannte Aus- und Weiterbildungsstätten, und ich bin allein dafür verantwortlich. ...‘‘ [103]

Gleichwohl, im Auftrag des Hessischen Sozialministers wurde ein Curriculum Krankenpflege entwickelt, das den Krankenpflegeschulen ,,eine qualifizierte Orientierungshilfe‘‘ sein sollte. Solche Initiativen sind begrüßenswerte Ausnahmen, eine den Anforderungen gerecht werdende Ausbildung ist damit aber noch nicht erreicht. [104]

Die Aufforderung des § 14 Krankenpflegegesetz, die Ausbildung planmäßig, zeitlich und fachlich zu gliedern, so daß das Ausbildungsziel erreicht werde, kann vom Ausbildungsträger verschieden ausgeführt werden. Im Kommentar zum Krankenpflegegesetz[105] wird formuliert:

,,Der Schüler darf nicht nach den Bedürfnissen des Krankenhauses eingesetzt werden.‘‘

---

103 Zit. nach: Neues Berufsbild? Interview zur Krankenpflegeausbildung. In: Dr. med Mabuse, Zeitschrift im Gesundheitswesen, August/September 1989, S. 25 ff.
104 Deutscher Berufsverband für Krankenpflege (Hrsg.): Hessisches Curriculum Krankenpflege, im Auftrag des Hessischen Sozialministeriums. Frankfurt 1990.
105 a.a.O., S. 117

Dem steht gegenüber, daß seit Jahren Klage geführt wird über den Mißbrauch der Auszubildenden als billige Arbeitskräfte im Krankenhaus. Die Eingliederung der Auszubildenden in den Arbeitsprozeß kommt auch durch die Integration in die jeweiligen Dienstpläne der Krankenhäuser zum Ausdruck, Schicht- und Wochenenddienst sind hier weithin üblich. Bei den 40 befragten Krankenpflegeschulen war das ausnahmslos der Fall. Bemerkenswert ist in diesem Zusammenhang auch der in § 1 (4) der Ausbildungs- und Prüfungsverordnung festgelegte Nachtdienst. Während des zweiten und dritten Ausbildungsjahres müssen mindestens 120, höchstens jedoch 160 Stunden Nachtdienst abgeleistet werden.

Bei der Befragung der 40 Schulen ergab sich zum Punkt der planmäßigen Ausbildungsgestaltung folgendes Bild. Die Frage: Wie ist die sachliche und zeitliche Gliederung der Ausbildung organisiert?, wurde folgendermaßen beantwortet.

Es existiert ein Rahmenlehrplan für die gesamte Ausbildung: 32
Es existiert ein Ausbildungsplan für jeweils ein Ausbildungsjahr: 12
Es existiert ein Ausbildungsplan für jeden einzelnen über
die gesamte Ausbildungszeit von Beginn an: 18
Es existiert ein Ausbildungsplan über einen Zeitraum von mehreren
Wochen bzw. Monaten: 5
Der Ausbildungsplan wird an den aktuellen Anforderungen
orientiert: 8
     17 mal wurde angegeben, daß der praktische Ausbildungseinsatz sich nach dem Bedarf der Praxis orientiere.

Offensichtlich haben die meisten Krankenpflegeschulen Ausbildungspläne erstellt. Ob die Ausbildung nach diesen Planungen gestaltet wird, hängt – so ist anzunehmen – von der Integrationsfähigkeit in den Betriebsablauf ab. Daß schon die Ausbildungsplanung von den Gegebenheiten der Ausbildungsträger dominiert wird, ist überdies der Fall. Die Möglichkeiten sind – je nach Größe und Ausrichtung der Krankenhäuser – entsprechend verschieden vorgegeben. Eine fachdidaktisch vorgegebene Orientierung, wie sie durch das erwähnte Curriculum in Ansätzen vorliegt, fehlt in der Regel.

Hieraus folgt, daß gelernt wird, was derzeitiger Praxis entspricht. Der Anspruch einer Pflege, die auch die psychosoziale Komponente von Gesundheit und Krankheit berücksichtigt, bleibt – seit Jahren theoretisch formuliert – unerfüllt. Psychosoziale Qualifikationen lassen sich im von patientenferner Medizin und ökonomischen Zwängen geprägten Betrieb Krankenhaus nicht im Schema „lernen durch arbeiten" erwerben. Modelle hierzu wurden zwar entwickelt, erprobt und wissenschaftlich ausgewertet, für die Ausbildungsgestaltung blieb dies jedoch wirkungslos. Die historisch begründbare Zuweisung der menschlichen Komponente an das Pflegepersonal trägt im Rahmen der Krankenhauspflege u.a. dazu bei, daß psychosoziale Kompetenz hier entgegen der Praxis manch anderer Helferberufe professionell kaum vorkommt. Während z.B. im Sozialbereich v.a. durch SozialarbeiterInnen und PsychologInnen die Begrenztheit psychosozialer Konzepte der am Markt vertretenen Konzepte (Gesprächspsychotherapie/Systemische Familientherapie etc.) diskutiert wird, ist begleitende Beratung (Supervision/Balintgruppen) im stationären Bereich der Krankenpflege immer noch die Ausnahme.[106] Die Tradition der Caritas wird hier zur Falle, auch und gerade für viele Frauen. In den 70er Jahren fand die Arbeit von Ostner/Gernsheim[107] Interesse, und nicht wenige meinten, herauslesen zu können, daß Mitmenschlichkeit sich nun einmal nicht verberuflichen lasse.

Das Krankenpflegegesetz regelt die Ausgestaltung der Ausbildung vor allem durch Unterlassung von Festlegungen. Wie schon an anderer Stelle erwähnt ist die Eignung der Ausbildungsstätte nicht wie im BBiG § 20 an das Vorhandensein von Ausbildern gebunden. Demnach ist zu vermuten, daß die Ausbildung im Krankenhaus immer noch weitgehend in Abwesenheit von „Ausbildern"[108] verläuft.

Bei der Befragung gaben an:

---

106 Siehe Köhle/Joraschky 1986, Brenner 1989, Brater 1987, Wilhelmer 1986
107 Ostner/Beck-Gernsheim 1979
108 Auch in der Berufsbildung v.a. im Kleinbetrieb ist hier eine Schwachstelle; siehe Damm-Rüger et al. 1988

daß keine Ausbilder vorhanden seien: 15
daß einige Ausbilder vorhanden seien: 7
daß jede Krankenstation über einen Ausbilder ohne
einschlägige Ausbildung verfüge: 8
jede Station verfüge über einen Ausbilder mit
einschlägiger Ausbildung: 3
    6 mal wurde angegeben, daß z.b. Tutoren, Mentoren, Praxisanleiter
und klinische Unterrichtsschwestern mit und ohne Ausbildung vorhanden seien.

Hier ist zu bedenken, daß der Begriff Ausbilder nicht begriffstypisch nach BBiG verwendet wird. Es bedürfte der genaueren Nachfrage, was die einzelnen Krankenpflegeschulen mit den Begriffen Ausbildern, Tutoren, Mentoren etc. verbinden. Seit einigen Jahren gibt es Initiativen, in Anlehnung an die Vorgaben der Ausbildereignungsverordnung des öffentlichen Dienstes Ausbilder zu qualifizieren. Die Anzahl solcher Maßnahmen und der spätere Einsatz der ausgebildeten Ausbilder ist weitgehend unerfaßt. Festzuhalten ist, daß von seiten der Krankenhausträger eine gesetzliche Verpflichtung zur Bereitstellung von Ausbildern nicht besteht, proklamiert wird dies allenthalben. Die Stärke und Aktionsbereitschaft betrieblicher und überbetrieblicher Interessenvertretungen der Auszubildenden bestimmt hier weiterreichende Verbindlichkeiten via Manteltarifvertrag und Dienstvereinbarung. (Verwiesen sei auf die Broschüren der Gewerkschaft ÖTV.)

In einem Fragebogen wurde angemerkt, daß doch das gesamte Pflegepersonal einer Station ,,Ausbilder sei''. Ob es sich eher so verhält oder ob Tendenzen zur Bereitstellung von Ausbildern vorhanden sind, bleibt nach Lage der Dinge eine offene Frage. Berücksichtigt man die Diskussion um den Personalnotstand in den Krankenhäusern, ergibt sich hier eher ein negatives Bild.

Bei der offen gestellten Frage nach den größten Schwierigkeiten bei der Gestaltung der praktischen Ausbildung gaben 11 Schulen unzureichende, mangelhafte Anleitung in der Praxis an, 27 mal wurde angegeben, daß die Unterrichtsschwestern und Unterrichtspfleger praktischen Unterricht auf den Krankenstationen erteilten. Welchen zeitlichen Umfang diese Aktivität umfaßt, bleibt offen. Spezielle Ausbildungsstationen existierten bei den 40 Krankenpflegeschulen nicht.

Eine Überwachung der Ausbildung durch Ausbildungsberater, wie in § 45 BBiG vorgesehen, gibt es für die Krankenpflegeausbildung nicht. Hier ist die Struktur der ersten gesetzlichen Regelung von 1907 erhalten. Der Staat macht mittels Gesetzgebung Vorgaben, eine Überwachung bzw. Kontrolle findet jedoch nicht statt. Die in der Berufsbildung in Industrie und Handwerk vielfältig vorhandenen Ausbildungsformen in der betrieblichen Ausbildung wie betrieblicher Zusatzunterricht, betriebliche Ausbildung in einer Lehrwerkstatt, externe Kurse etc. sind in der Krankenpflegeausbildung u.a. durch die Identität von Schule und Betrieb nicht entwickelt. Hier finden lediglich externe Einsätze zur Gewährleistung der praktischen Ausbildung statt, sofern das Krankenhaus nicht über die geforderten Einsatzbereiche verfügt. Gezielte Ausbildungsmethoden in der betrieblichen Ausbildung sind unbekannt, auch hier wird der Mangel an Berufsbildungsforschung sichtbar. Modellversuche zur Entwicklung von Ausbildungsmethoden in der betrieblichen Berufsausbildung, wie in Industrie und Handwerk vorhanden, fehlen.[109]

6.4. Zur Prüfung

Auch die Prüfung findet in der Krankenpflegeschule respektive im Krankenhaus statt. Sie hat einen schriftlichen, mündlichen und praktischen Teil. Die genauen Modalitäten regelt die Ausbildungs- und Prüfungsverordnung, die vom Gesetzgeber im Zusammenhang mit dem Krankenpflegegesetz erlassen wurde. Der Prüfungsausschuß setzt sich zusammen aus einer Medizinalbeamtin oder einem Medizinalbeamten der zuständigen Behörde als Vorsitzendem, der leitenden Unterrichtsschwester/dem leitenden Unterrichtspfleger und Fachprüfern. Bei den Fachprüfern muß mindestens eine Ärztin/ein Arzt und eine weitere Unterrichtsschwester/ein Unterrichtspfleger sein (§ 3 der Ausbildungs- und Prüfungsverordnung). Eine Besetzung des Prüfungsausschusses

---

109 Beispiele finden sich in: Schmidt-Hackenberg u. Höpke 1990

mit Vertretern von Gewerkschaften und Arbeitgebern, wie im 37 des BBiG geregelt, ist nicht vorgesehen.

Im Gegensatz zu Regelungen in § 34 BBiG kann die Prüfung nur einmal wiederholt werden, und die Krankenpflegeausbildung endet nicht mit der bestandenen Abschlußprüfung. Die Ausbildungszeit ist unabhängig vom Zeitpunkt der Prüfung auf drei Jahre festgelegt. Zu dieser Benachteiligung gab es 1976 ein Urteil, das die Anwendung des § 14 BBiG bestätigte. Hiernach endete die Ausbildung mit der bestandenen Prüfung. Durch das Krankenpflegegesetz von 1985 wurde diese Gleichstellung jedoch wieder aufgehoben.[110]

Bei den 40 befragten Krankenpflegeschulen gaben 8 an, daß die Prüfung 4 Wochen und mehr als 4 Wochen vor Ausbildungsende stattfände. In diesem Zusammenhang ist eine weitere Regelung zu nennen, die vom Berufsbildungsrecht abweicht. In § 9 des Krankenpflegesetzes werden maximale Fehlzeiten festgelegt. Bei Überschreitung dieser Fehlzeiten kann dem Auszubildenden die Zulassung zur Prüfung versagt werden.

6.5. Zur Probezeit, der Finanzierung und Anrechnung auf den Stellenplan

Auch das Problemfeld Probezeit war, wie schon erwähnt, Gegenstand der Rechtsprechung, so daß in der Zeit von 1976 bis 1985 zumindest formal eine Gleichbehandlung gegeben war. Entsprechend § 13 BBiG beträgt die Probezeit mindestens einen, höchstens jedoch drei Monate. Seit 1985 ist auch hier wieder der alte Zustand hergestellt. Die Probezeit beträgt sechs Monate, festgelegt in § 17 des Krankenpflegegesetzes.

Abschließend seien zwei Punkte erwähnt, die auch von den Krankenhausträgern und den Berufsverbänden als Folge der Sonderstellung

---

110 BSG RAR 63-74 vom 11.3.1976

kritisch diskutiert werden, ohne daß allerdings die nötigen Konsequenzen gezogen würden. Die Anrechnung der „SchülerInnen" auf den Stellenplan der Krankenhäuser führt zu häufiger Klage; zu einer Entscheidung, diese Anrechnung grundsätzlich zu unterlassen, kam es bislang aber nicht. Seit 1972 wird über die Finanzierung der Krankenpflegeausbildung diskutiert; die gesamten Kosten der Ausbildung werden über den Pflegesatz des Krankenhauses, also über die Krankenversicherungen bestritten. Schon das Krankenhausfinanzierungsgesetz von 1972 (KHG) enthält die Aufforderung, den Pflegesatz von diesen Kosten zu entlasten, dieser Auftrag blieb unerfüllt. Solange die Krankenpflegeschule in Organisationseinheit mit dem Krankenhaus steht, wird die Finanzierungsproblematik eine notwendige Folge des allgemeinen Dilemmas bleiben.

6.6. Beurteilung und Stimmungen

Auszubildende in der Krankenpflege müssen Bedingungen hinnehmen, die sie im Vergleich zu anderen Auszubildenden im dualen System diskriminieren. Die Ordnungsmittel der Berufsbildung kommen weitgehend nicht zur Anwendung. Die gesamte Ausbildungsgestaltung ist dem Ausbildungsträger überlassen, Überwachung und Förderung durch Berufsbildungsforschung findet nicht statt. Die bereits erwähnten Arbeiten aus dem Berufsbildungsinstitut beurteilen den Sachverhalt ebenso.

Inwieweit von den Betroffenen vor Ort diese Einschätzung geteilt wird, bleibt Gegenstand der Spekulation. Wanner kommt in seiner Arbeit zu der Einschätzung, daß auch gerade die Unterrichtsschwestern und Unterrichtspfleger sich stark über den Beruf Krankenpflege identifizieren und ihre berufliche Identität da verankert sehen.[111] Eine intensive Auseinandersetzung mit bildungsbezogenen Fragen findet offensichtlich häufig gar nicht statt. Es scheint unter diesem Gesichtspunkt interessant, wie die Frage nach Integration ins Berufsbildungssystem beurteilt wird.

---

111 Wanner 1987, S. 255 f.

Im Fragebogen wurde unter der Rubrik „Persönliche Fragen und Meinungen" folgende Frage mit der Bitte um freie Beantwortung gestellt:

Wie würden Sie es beurteilen, wenn die Ausbildung nach dem Berufsbildungsgesetz (BBiG – duales System) geregelt wäre?
Überwiegend positiv – Begründung: ....
Überwiegend negativ – Begründung: ....

Es wurden hier 11 positive und 9 negative Anmerkungen gemacht. In 20 Fragebögen fand sich hierzu keine Angabe. Im folgenden werden die Angaben aus den Fragebögen wörtlich wiedergegeben.

Zunächst die Angaben unter der Rubrik „überwiegend positiv":

„Da ein gesonderter Ausbildungsstatus z.Zt. die Pflegeprobleme verstärkt."

„Die Ausbildung könnte anderen Ausbildungen angeglichen werden."

„Nur positiv, der Weg weg vom Krankenhaus wäre möglich, Gleichstellung mit anderen Berufen, Unterstellung unter die Kultusministerien usw."

„Hier wäre die Anleitung durch qualifizierte Praxisanleiter garantiert."

„Schülerorientierte Ausbildung wäre möglich, Unterrichtskräfte wären Lehrer (Beamte)."

„Ausbildungsausschüsse, Ausbilder, die speziell ausgebildet sein müssen."

„Positiv wäre eine Ausbildungsdauer, orientiert an der Prüfung, und damit eine entsprechende Vergütung nach bestandenem Examen. Diese positiven Gründe überwiegen aber nicht die negativen Auswirkungen einer zu kurzen Probezeit."

„Berufsschule und Lehrerstatus, genauso, wie in anderen Berufen auch."

„Finanzierung durch Kultusministerium, bessere praktische Ausbildung."

„Schüler wäre nicht auf den Stellenplan angerechnet, autonomere Gestaltung der Ausbildung, Bezahlung der Unterrichtskräfte wie Berufsschullehrer."

„Klarere Abgrenzung von Theorie und praktischem Ausbildungsort Krankenhaus, Schule und Krankenhaus wären somit separat."

Die Antworten unter der Rubrik „überwiegend negativ" lauten:

„Dann würde Theorie und Praxis noch wieter auseinanderklaffen (siehe Berufsschulen)."

„Der jetzige Einfluß der Schule auf die Praxis würde wegfallen, so haben wir
immer noch Steuerungsmöglichkeiten ... Bei dualem System stehen meiner Mei-
nung nach die Interessen des Arbeitgebers noch mehr im Vordergrund."

„Da zuviel Spielraum für betriebliche Interessen, weniger Einflußnahme durch die
Schule, die Ausbildungsinteressen der Schüler betreffend."

„Krankenpflegeschüler sind keine Lehrlinge."

„Das Krankenpflegegesetz reicht aus, die Verwirrung ebenfalls."

„Für die speziellen Bedürfnisse der Krankenpflege scheint mir eine selbständige
Vorgabe sinnvoll. Der Handlungsspielraum ist eines unserer wichtigsten Werkzeu-
ge, Standardisierung ist nicht umfassend erreichbar."

„Zu viele Fremdeinflüsse – Außensteuerung des gesamten Ausbildungsbetriebes
würde zunehmen."

„Nachteil: weniger Freiraum der Schulen."

„Gefahr, daß die Ausbildung noch mehr verkürzt wird."

Bezogen auf diese wenigen, subjektiven Äußerungen läßt sich feststellen, daß die positiven Antworten dem Sachverhalt, wie er sich im
Vergleich zwischen Berufsbildungsgesetz und Krankenpflegegesetz
darstellt, nahekommen. Hieraus läßt sich ableiten, daß die Sonderfall-
problematik der Krankenpflegeausbildung unter dem Aspekt der mög-
lichen Anwendung des Berufsbildungsgesetzes reflektiert wurde. Bei
den Antworten unter der negativen Rubrik werden eher Klischees bedient, und es wird von Befürchtungen ausgegangen, für die es wenig
Anlaß gibt. Durch die hier vorgetragenen Antworten wird deutlich, daß
sich bei den Betroffenen durchaus ein Teil des Meinungsspektrums, wie
es auch durch Verbände und Organisationen repräsentiert wird, wieder-
findet. Das „jemand von etwas überzeugen wollen zu seinem eigenen
Vorteil" [112] – eine Paradoxie, die im pädagogischen Bezug nicht selten
anzutreffen ist – steht wohl auch Pate, wenn Leute „der Pflege" mit
Leuten „der Berufsbildung" diskutieren.

---

112 Siehe auch Watzlawick 1985

Im Verlauf von fast 100 Jahren hat sich am Standard wenig verändert. Die Dominanz der Ausbildungsträger ist geblieben. Die erfolgten Modifizierungen paßten die Bedingungen jeweils an normative Minimalvorgaben des Arbeits- und Ausbildungsrechts und an die Erfordernisse der Krankenhausmedizin an.

7. Perspektiven und Resümee

Bedingungen in der Krankenpflege einschließlich der Ausbildungssituation sind in den letzten Jahren unter verschiedenen Aspekten in der Diskussion. Vor allen Dingen der Pflegenotstand, dessen Diskussion ja seit Jahren auch die Medien erreicht hat, hat die Probleme dieses Berufes ins Blickfeld gebracht. Derzeit wird dramatischer Personalmangel konstatiert. Ein weiterer Aspekt kann unter dem Stichwort Probleme um Frauendiskriminierung und Frauenförderung gefaßt werden. Auch hier hat sich in den letzten Jahren eine Diskussionslage entwickelt, die geschlechtsspezifische Diskriminierung zum öffentlichen bzw. fachöffentlichen Thema macht.[113] Darüber hinaus ist unter den Aspekten Zukunft der Gesundheitsversorgung, auch unterstützt durch Programme der Weltgesundheitsorganisation (WHO), die Struktur und Arbeitsweise der Gesundheitsberufe im Gespräch. Die sich verändernden Anforderungen an das Gesundheitswesen durch Überalterung der Bevölkerung, Zunahme von chronischen und infausten Erkrankungen stellen neue Anforderungen an die Berufe. Interprofessionelle Kooperation ist als unerläßlich für die Bewältigung der Probleme erkannt. Hier ist eine Berufsstruktur, die sehr stark auf Spezialisierung und Abgrenzung hin orientiert ist, unstrittig hinderlich. Schon lange ist das immer noch gültige „ärztliche Monopol" in Frage gestellt. Die Gesundheitsberufe, auch der Krankenpflegeberuf, haben jedoch den Charakter des Hilfsberufes behalten. Berufliche Autonomie und Professionalität – und in diesem Kontext eine breit angelegte und auf Kooperation orientierte Ausbildung – sind Voraussetzungen, um die Strukturen den Anforderungen adäquat zu gestalten. In der Veröffentlichung des Regionalbüros für Europa der WHO unter dem Titel Gesundheit 2000 wird dies so formuliert:

---

113 Z.B. Meifort 1988

„Das Gesundheitspersonal wird zukünftig mehr in Teams zusammenarbeiten. Vor diesem Hintergrund wird man auch die getrennte Ausbildung von Krankenschwestern und -pflegern, von Ärzten, Radiologen usw. überprüfen müssen. Sie alle sollen ja ihre Patienten jeweils als ganze Person und nicht nur als Fall für ihre Spezialdisziplin wahrnehmen. Sie könnten bei einer gemeinsamen Ausbildung sehr viel voneinander lernen. Nicht nur hinsichtlich ihrer Kenntnisse, sondern auch für die persönlichen Beziehungen in ihrer gemeinsamen Arbeit. Das gilt vor allem für die Ärzte, die in der Vergangenheit gewohnt waren, den Herrn und Meister zu spielen, dem die übrigen Arbeitskollegen 'assistieren'. Diese Einstellung ist keineswegs nur für Ärzte typisch. Im Rahmen eines neuen Ausbildungssystems, in dem Pflegepersonal und Ärzte gleichberechtigt zusammenarbeiten, kam es vor, daß die Schwestern und Pfleger gegenüber dem Pflegepersonal, das nicht zu ihrem Kurssystem gehörte, die übliche 'ärztliche Herablassung' entwickelten. Wenn Mitglieder eines Gesundheitsteams auf der Grundlage ihrer individuell eingebrachten Fähigkeiten – statt ihres Ranges in der Hierarchie – zusammenarbeiten sollen, müssen sie die neue kollegiale Einstellung schon in der medizinischen Ausbildung lernen."[114]

Auf WHO-Position wird u.a. auch Bezug genommen bei der Forderung nach Einrichtung eines Studienganges „Lehrerin der Pflege" an der Freien Universität Berlin.[115] Von 1976 bis 1982 wurde an der Freien Universität Berlin der Modellstudiengang „Lehrerin zur Krankenpflege und Kinderkrankenpflege" erfolgreich durchgeführt.[116]5 An diese Erfahrungen anknüpfend wird nun auch angesichts des eklatanten Pflegenotstands die Errichtung eines solchen Studiengangs gefordert. Die fehlende wissenschaftliche Lehrerqualifikation als folgenreiche Tatsache des Sonderstatus der Krankenpflegeausbildung soll auf diese Art langfristig beseitigt werden. Die BefürworterInnen dieses Studiengangs versprechen sich so auch Rückwirkungen auf die Ausbildungssituation, ja auf die gesamte Situation der Krankenpflege. Der Pflegenotstand wird hier auch als Bildungsnotstand interpretiert.

---

114 O'Neill 1984, S. 97
115 Botschafter u. Moers 1990
116 Modellversuch – Der Präsident der FU Berlin 1982

„Pflegenotstand ist auch ein Bildungsnotstand, und eine Verwissenschaftlichung der Pflege ist ein Mittel zur langfristigen Behebung der krisenzyklisch auftretenden Notstandsituation."[117]

Die Forderung nach Akademisierung der Pflege ist seit einigen Jahren verstärkt in der Diskussion. Derzeit ist „Pflege" im Rahmen einer wissenschaftliche Disziplin mit entsprechenden Studiengängen und Forschungen nicht etabliert. Dielmann bemerkt zu Recht, daß aufgrund der gegebenen Situation in der Ausbildung von Bestrebungen, diese Ausbildung an die Universität oder Fachhochschule zu bringen, etwa der Sozialarbeit ähnlich, wohl keine Rede sein könne.[118] Die Einrichtung von Studiengängen für die Bereiche Lehrerqualifikation und Betriebswirtschaft ist vorstellbar und realisierbar, Ansätze sind vorhanden. Für die Etablierung der Pflege an der Hochschule ist die Frage nach der wissenschaftlichen Disziplin ungeklärt; von der Medizin über die Sozial- und Erziehungswissenschaft bis hin zu einem eigenständigen Bereich reicht das Spektrum in der Diskussion.[119] Dem relativ jungen Fach Gesundheitswissenschaft könnte hier eine Bedeutung zuwachsen.

Der Zugang zur Wissenschaft kann dazu beitragen, Benachteiligungen entgegenzuwirken. Welchen Stellenwert man diesem Bereich einräumt, etwa im Vergleich zu grundlegenden Veränderungen in der primären Ausbildung, wird unterschiedlich beurteilt. Das eine tun, das andere nicht lassen, ist der Gesamttenor. Allerdings ist auch hier eine andere Tendenz sichtbar: Berufsständische Organisationen wie der deutsche Berufsverband für Krankenpflege plädieren auch hier wieder für Sonderwege im Rekurs auf alte Argumente, das ganz Besondere dieses Berufes hervorhebend. Es ist darüber hinaus zu vermuten, daß von kirchlichen Organisationen, „C"-Parteien/Regierungen die Forderung nach Akademisierung nicht geteilt wird. Bayern hat sich schon in dieser Richtung geäußert.[120]

---

117 Ebd., S. 126
118 Dielmann 1991, S. 40
119 Siehe hierzu auch Botschafter u. Moers 1990.
120 Dielmann 1991, S. 40 f.

Sollte die Bildungspolitik im Krankenpflegeberuf auch künftig vor allem durch Interessen aus dieser Richtung bestimmt werden, ist der Ausstieg aus dem Abseits nicht zu erwarten. Sonderwege respektive Sonderregelungen sind abzulehnen. Für die Entwicklung des Krankenpflegeberufes sind hierdurch – wie beschrieben – vielfältige Benachteiligungen entstanden. Aufgrund der gegebenen Situation sind gezielte Maßnahmen im Sinne von Förderung dieses Berufes dringend erforderlich. Die Empfehlung der Enquête-Kommission Zukünftige Bildungspolitik ist zu begrüßen. Hier wird von VertreterInnen der Minderheitsauffassung folgendes formuliert:

„Die Bundesregierung wird aufgefordert, Verhandlungen mit den Ländern mit dem Ziel aufzunehmen, schulische berufsqualifizierende Bildungsgänge bundeseinheitlich hinsichtlich Eingangsvoraussetzungen, Anerkennung von Vorleistungen und Abschlüssen, Ausbildungsdauer, Vergütung und rechtlichem Status der auszubildenden SchülerInnen unter Mitwirkung der an der Ausbildung Beteiligten in einer Rahmenvereinbarung zu regeln. Dabei sind, unterstützt durch Berufsbildungsforschung, die medizinische, sozialpflegerischen und hauswirtschaftlichen Berufe neu zu ordnen mit dem Ziel, diese so aufzuwerten, daß sie durchlässige Aufstiegsmöglichkeiten (z.B. zur Fachhochschulreife) eröffnen und anderen qualifizierten Berufsausbildungen (vorwiegend im gewerblich-technischen Bereich) gleichgestellt werden. Einzubeziehen sind auch die Ausbildungsgänge in Handelsschulen und die neu entstandenen Assistenzberufe. Die Möglichkeiten einer bundesgesetzlichen Regelung (innerhalb des BBiG oder eines besonderen Rahmengesetzes) sind ebenfalls zu prüfen."

Immer noch ist die Problematik der Berufsausbildung im Gesundheitswesen durch die Berufsbildungspolitik wenig erfaßt. Offensichtlich bedarf es zur Thematisierung besonderer Interessenslagen im obigen Kontext der „Gleichstellung der Geschlechter als Strukturfrage der Gesellschaft".[121]

Dennoch sind innovative Prozesse, wenn überhaupt, bei der „Persistenz der traditionellen Wertvorstellungen"[122] im Binnenbereich der angesprochenen Berufe von seiten der Bildungs- bzw. der Frauenbil-

---

121 Anhangsband zum Schlußbericht der Enquête-Kommission „Zukünftige Bildungspolitik – Bildung 2000". Drucksache 11/7820, 5.9.1990, S. 17. Siehe auch Schlußbericht (ebd.), insbesondere S. 46, 59, 73, 75 sowie Anhangsband zum Schlußbericht, S. 114.
122 Elkeles 1988, S. 17

dungspolitik zu initiieren. Zu berechtigter Hoffnung besteht allerdings wenig Anlaß.

Im Interesse eines ,,guten Endes" sei auf einen Vorschlag aus EG-Richtlinien verwiesen.

Tagestip: Arbeitsmöglichkeiten in der EG
Brüssel fördert Ausbildung

Arbeitnehmer und Selbständige können sich im Prinzip frei in der EG niederlassen und ihren Beruf ausüben. Diese im EWG-Vertrag verankerten 'Grundrechte' gelten seit 1970 unmittelbar in jedem Mitgliedstaat und haben damit Vorrang vor entgegenstehenden nationalen Vorschriften. So ist für Bürger der EG-Länder keine Arbeitserlaubnis erforderlich. Andererseits, darauf macht die Bayerische Vereinsbank in der jüngsten Ausgabe ihres Euroletters aufmerksam, wird das Gebot der Gleichbehandlung durch unterschiedliche Berufsregelungen in den einzelnen Staaten relativiert. Zur Berufsausübung wird nämlich oft ein im Aufnahmeland erworbenes Diplom oder ein Ausbildungsnachweis verlangt. Wichtig ist also die gegenseitige Anerkennung von Qualifikationen; einschlägige EG-Richtlinien wurden zum Teil bereits von Brüssel verabschiedet.
Zum Beispiel besteht schon seit 1964 eine Übergangsrichtlinie zur Bescheinigung von Berufserfahrung auf dem Gebiet der selbständigen Tätigkeit der be- und verarbeitenden Gewerbe in Industrie und Handwerk. Berufsabschlüsse oder Diplome werden nicht mehr verlangt. Vergleichbare Bestimmungen gibt es für andere Gruppen (etwa Einzelhandel, Reisegewerbe, Friseure, Gastronomie).
Eine Richtlinie von 1988 regelt die Anerkennung von Hochschul- und Fachhochschuldiplomen. Sie gilt unter anderem für Lehrer und Ingenieure. Bei wesentlichen Unterschieden im Studiengang und in der Berufsausbildung können die Länder hier Anpassungslehrgänge, Eignungsprüfungen oder Berufserfahrung verlangen.
Eine weitere 'allgemeine Regelung zur Anerkennung beruflicher Befähigungsnachweise' soll in diesem jahr verabschiedet werden. Davon werden unter anderem nichtärztliche Heilberufe, das sogenannte Gesundheitshandwerk sowie einige pädagogische und Verkehrsberufe betroffen sein.
Tätigkeiten in anderen Mitgliedsländern fördert die EG mit diversen Programmen etwa für Aus- und Weiterbildung oder Praktika. ..."[123]

---

123 Frankfurter Rundschau, 2. Juli 1991, S. 10; Hervorhebungen R.B.

Zumindest auf der begrifflichen Ebene ist mit ,,Gesundheitshandwerk" eine Bezeichnung gefunden, die Zustimmung verdient – auch wenn Handwerk längst keinen goldenen Boden mehr hat.

Durch die Einschätzung eines Mediziners, der über den Tellerrand der BRD hinausschaut, soll angedeutet werden, wie problematisch, willkürlich und gesellschaftlich determiniert die Arbeitsteilung – hier in der Medizin/Pflege ist.

,,Es sind schon eine Menge Notoperationen gemacht worden im Hospital, auch von Edith Fischnaller, einer Krankenschwester, wie es sie nur in Afrika (und im Komitee) gibt – sie hat mehrere Einsätze mit dem Komitee gemacht, war an risikoreichen Bürgerkriegsplätzen wie im Hazarajat in Afghanistan, in der Provinz Sofala im Hospital Marromeu in Mosambik, in der unruhigen Provinz West Nile im Hospital Yumbe in Uganda. Sie kann mittlweile mehr als viele Ärzte, auch als die Ärztin, die das Komitee nach Bor geschickt hat. Sie operiert, wie das viele Krankenschwestern können, die hier alles tun dürfen, was sie schon können und was sie in deutschen Krankenhäusern aufgrund unserer Überzahl an Ärzten und der strengen Hierarchie nicht dürfen. Edith Fischnaller übrigens hat jetzt die Nase voll davon, immer genausogut zu sein und nicht soviel zu gelten wie die Ärzte: sie hat ein langes Studium begonnen. Schade für uns!"[124]

Perspektiven zur Berufsbildungspolitik sollen holzschnittartig, von Heimann verkürzt übernommen, die Richtung der künftigen Debatten und Problemlagen anzeigen. Reformansätze und Bedarf an Modifizierung sind im Bereich der folgenden fünf Punkte zu thematisieren:

1. *,,Chancengleichheit in der beruflichen Bildung*
   Das in den sechziger Jahren leidenschaftlich proklamierte Recht auf Chancengleichheit im Bildungswesen hat gerade in der beruflichen Bildung an Aktualität nicht verloren."

2. *,,Denken und Handeln in Zusammenhängen*
   Computer und Chips bestimmen heute bereits die Berufswelt. Prognosen zeigen, daß morgen alle Arbeitnehmer von dieser neuen Technologie betroffen sein

---

124 R. Neudeck i.d. Frankfurter Rundschau v. 29.10.1990

werden. Niemand kann und will diese dritte industrielle Revolution aufhalten. Diesem Veränderungsprozeß muß sich auch die berufliche Bildung stellen."

3. *„Solidarisches Lernen in der beruflichen Bildung*
Das berufliche Bildungssystem muß seine integrative Kraft im Sinne einer qualifizierten Ausbildung für alle Jugendlichen neu entdecken. Dieses Konzept läßt keine Bestrebungen der Aussonderung, der Separierung oder Ausgrenzung zu, also auch keine Abiturientenklassen in der Berufsschule. Solidarische Formen von Berufsbildung stellen in den Mittelpunkt das Konzept des Förderns statt der Auslese. Unter dem Deckmantel der individuellen Förderung, der adressatenge- rechten Bildung, des Chancenausgleichs werden immer wieder gruppenspezi- fische Bildungsgänge gefordert."

4. *Berufsbildung als ökologisches Lernen*
Die apokalyptischen Reiter der Bibel hießen Hunger, Pestilenz, Krieg und Tod. In der Neuzeit tragen sie Namen wie Klimakatastrophe, Umweltverschmutzung, Verschwendung der Bodenschätze und Energiereserven, Übervölkerung: 'Wenn wir nicht endlich vernünftig werden, so werden es die heute Geborenen noch erleben: Die Aufheizung der Atmosphäre, das Ansteigen des Meeresspiegels und sintflutartige Überschwemmungen, eine dramatische Verschiebung der Klimazo- nen, den schmerzlichen Verlust von bitter benötigtem Ackerland. Praktische Gründe, wenn nicht Moral und Humanität, drängen zum Handeln'."

5. *„Gestaltung von Arbeit und Technik als Aufgabe der beruflichen Bildung*
Der tiefgreifende Prozeß der Veränderungen, der durch die Anwendung neuer Techniken, durch Produktveränderungen und durch organisatorische Rationali- sierungsstrategien ausgelöst wird, ist vielfach beschrieben worden: Arbeitsinhalte ändern sich, vorhandene Qualifikationen werden wertlos und bisherige Tätigkei- ten fallen völlig weg."

„Berufliche Bildung kann nicht einäugig und fixiert auf die Bedürfnisse von Wirt- schaft und Arbeitsmarkt ohne Rücksicht auf die wachsenden Probleme der Gesell- schaft und der in ihr lebenden Menschen definiert werden. Das Wort 'Bildung' in der beruflichen Bildung ist ein Auftrag, der zugleich eine konkrete Reformperspektive darstellt."[125]

---

125 Heimann 1989, S. 360-368

Verzeichnis der zitierten und weiterführenden Literatur

Alptraum Krankenhaus
Stern Nr. 16/1990. S. 20 ff.

Andersen, W. (1984):
Lehrerbildung im Berufsfeld Gesundheit - Ein neuer Studiengang. In:
Berufsbildende Schule 9/84.

Bäcker, G. (1987):
Arbeitsbedingungen in der Krankenpflege. WSI Dokumentation. Düsseldorf.

Bals, T. (1990):
Professionalisierung des Lehrens im Berufsfeld Gesundheit. Köln.

Bau, H. (1983):
Ausbildungs- und Beschäftigungsverhältnisse in den nichtärztlichen
Gesundheitsberufen. In: BiBB (Hrsg.): Berichte zur beruflichen Bildung. Heft 63.
Berlin und Bonn.

Becker, E., Dehler, J. (1989):
Abschied von der Selbstherrlichkeit. Wissenschaft und Hochschule zwischen
individueller Freiheit und ökologischer Verantwortung. Frankfurt a.M.

Becker, W., Bergmann-Krauss, B. (1979):
Weiterbildungsmaßnahmen im Gesundheits- und Sozialwesen. In: BiBB (Hrsg.):
Berichte zur beruflichen Bildung. Heft 15. Berlin.

Behr, M. v. (1981):
Die Entstehung der industriellen Lehrwerkstatt. Materialien und Analysen zur
beruflichen Bildung im 19. Jahrhundert. München.

Bell, D. (1986):
Die Sozialwissenschaften seit 1945. Frankfurt a.M./New York.

Benner, H. (1987):
Arbeiten zur Ordnung der Berufsausbildung vom DATSch bis zum BIBB. In:
Berufsinstitut für Berufsbildung (Hg.): Berufsausbildung und Industrie. Zur
Herausbildung industrietypischer Lehrlingsausbildung. Berlin/Bonn.

Bergmann-Krauss, B., Spree, B. (1980):
Aus- und Weiterbildung im Gesundheitswesen. Ein Überblick über die
Ordnungssituation in den nicht-ärztlichen Gesundheitsberufen. In: BIBB (Hg.):
Berichte zur beruflichen Bildung, H. 26. Berlin.

Bienstein, Ch. (1983):
Analyse der praktischen Ausbildungssituation in der Bundesrepublik Deutschland.
In: Deutsche Krankenpflegezeitschrift, Beilage. 36. Jg. Heft 8/9. Stuttgart.

Bildungswege in Hessen (1990):
Eine Schriftenreihe des Hessischen Kultusministeriums. Nr. 6: Berufliche Schulen. Wiesbaden.

Bischoff, C. (1984):
Frauen in der Krankenpflege. Zur Entwicklung von Frauenrolle und Frauenberufstätigkeit im 19. und 20. Jahrhundert. Frankfurt a.m.

Bloch, E. (1978):
Das Prinzip Hoffnung. 5. Aufl. 3 Bde. Frankfurt a.m.

Bochnik, P.A. (1985):
Die mächtigen Diener. Die Medizin und die Entwicklung von Frauenfeindlichkeit und Antisemitismus in der europäischen Geschichte. Reinbek b. Hamburg.

Botschafter, P. (1991):
Traum oder Trauma? Pflegepädagogik an der Freien Universität Berlin. In: Dr. med. Mabuse. Zeitschrift im Gesundheitswesen. Juni/Juli 1991.

Botschafter, P. und Moers, M. (1990):
Pflegewissenschaft und Pflegepersonal. Einrichtung eines Studiengangs ,,Lehrerin der Pflege" an der Freien Universität Berlin? In: Argument, Sonderband 190.

Botschafter-Leitner, P. (1980):
Die berufliche Situation des Krankenpflegepersonals. In: Deppe, H.U. (Hrsg.): Vernachlässigte Gesundheit. Köln.

Botschafter-Leitner, P. et al. (1973):
Schwestern im Krankenhaus. In: Themen der Krankenpflege. Stuttgart.

Brater, M. (1987):
Dienstleistungsarbeit und berufliche Bildung. Thesen zur Problematik berufsförmig organisierter Dienstleistungsarbeit. In: Buck, B. (Hrsg.): Berufsbildung im Dienstleistungsbereich. BIBB, Berlin/Bonn.

Brenner, R. (1989):
Zur Rolle der Pflegekräfte im Krankenhaus. In: Jordan, J., Krause-Girth, C. (Hrsg.): Frankfurter Beiträge zur psychosozialen Medizin. Frankfurt a.M.

Brenner, R. (1992):
Berufsausbildung mit dualem Charakter im nicht-dualen System oder auch: Das geordnete Chaos der Berufsbildung in der BRD am Beispiel Krankenpflegeberufe. Zeitschrift für Berufs- und Wirtschaftspädagogik, 88. Band Heft 4 Wiesbaden/ Stuttgart

Bürgel, S. (1983):
Lehrausbildung zum Facharbeiter für Krankenpflege. In: Heilberufe - Weiterbildungsmagazin für mittlere medizinische Fachkräfte 10/83. Berlin/DDR

Bundesanstalt für Arbeit (Hrsg.) (1987):
Krankenschwester/Krankenpfleger - Blätter zur Berufskunde II - 2 A 20. Bielefeld.

Bundesanstalt für Arbeit (Hrsg.) (1990):
DDR-Berufe - verwandte Berufe in der Bundesrepublik Deutschland. In: Bildung und Beruf, 301. Nürnberg.

Bussche, H. v.d. (Hrsg.) (1989):
Medizinische Wissenschaft im "Dritten Reich". Kontinuität, Anpassung und Opposition der Hamburger Medizinischen Fakultät. Berlin.

Cramer, M. (1982):
Psychosoziale Arbeit. Stuttgart/Berlin/Köln/Mainz.

Crusius, R. (1974):
Krankenpflegeschüler in der Ausbildung (Hamburger Lehrlingsstudie). München.

Damkowski, W. (1990):
Neue Formen lokaler Sozial- und Gesundheitsdienste. Köln.

Damm-Rüger, S., Degen, U., Grünewald, U. (1988):
Zur Struktur der betrieblichen Ausbildungsgestaltung. Ergebnisse einer schriftlichen Befragung in Ausbildungsbetrieben. Berufsbildungsinstitut. Berlin/Bonn.

Deppe, H.-U. (1987):
Krankheit ist ohne Politik nicht heilbar. Zur Kritik der Gesundheitspolitik. Frankfurt a.M.

Deppe, H.-U. (1990):
Perspektiven der Gesundheitspolitik. Bundesrepublik Deutschland und Europäische Gemeinschaft. Frankfurt a.M.

Deppe, H.U., Kaiser, G., Lüth, P., Mausbach, H., Regus, M., See, H., Schmidt, A., Wiethold, G., Wulff, E. u.a. (1973):
Medizin und gesellschaftlicher Fortschritt. Thesen, Referate, Diskussionen und Beschlüsse des Marburger Kongresses am 20./21. Januar 1973. Köln.

Dielmann, G. (1991):
Akademisierung der Pflege. Weg und Widersprüche. In: Dr. med. Mabuse. Zeitschrift im Gesundheitswesen, April/Mai 1991.

Dielmann, G. (1991):
Ständischer Verband gegründet - überflüssig. In: ÖTV-Report Soziales und Gesundheit. Nr. 4/5.

Dörner, K. (1991):
Der Nazi in uns oder die Industrialisierung frißt ihre Kinder. In: Stössel, J.-P.: Tüchtig oder tot. Freiburg i.Br.

Elias, N. (1976):
Über den Prozeß der Zivilisation. 2 Bde. Frankfurt a.M.

Elkeles, Th. (1988):
Arbeitsorganisation in der Krankenpflege - Zur Kritik der Funktionspflege. Frankfurt am Main.

Engelhardt, K.H. et al. (1973):
Kranke im Krankenhaus. Stuttgart.

Engelmann, B., Wallraff, G. (1975):
Ihr da oben - wir da unten. Köln.

Foucault, M. (1973):
Die Geburt der Klinik. München.

Fredebeul (1985):
Betriebliche Ausbildung in Schulen? Oder die "Dualität" in der Berusfausbildung als Ordnungs- und Rechtsproblem. Ein Beitrag zur Systemfrage. In: Gewerbearchiv.

Fritz, E. (1964):
Problematik der Krankenpflege und ihrer Berufsverbände. Hannover.

Gerhard, U. (1978):
Verhältnisse und Verhinderungen. Frauenarbeit, Familie und Rechte der Frauen im 19. Jahrhundert. Frankfurt a.M.

Gerhard, U. (1990):
Unerhört. Die Geschichte der deutschen Frauenbewegung. Reinbek b. Hamburg.

Göckenjan, G. (1985):
Kurieren und Staat machen - Gesundheit und Medizin in der bürgerlichen Welt. Frankfurt a.M.

Goffman, E. (1972):
Asyle 1961. Frankfurt a.M.

Gorz, A. (1989):
Kritik der ökonomischen Vernunft. Berlin (West).

Grauhan, A. (1988):
Krankenpflege und der tertiäre Bildungsbereich. In: Pflege Nr. 1. Bern.

Greinert, W.-D. (1975):
Mittelstandspolitik, staatliche Jugendpflege und die gewerbliche Fortbildungsschule. Hannover.

Greinert, W.-D., Hanf, G., Schmidt, H., Stratmann, K.-W. (1987):
Berufsausbildung und Industrie. Zur Herausbildung industrietypischer Lehrlingsausbildung. Tagung und Expertengespräche zur beruflichen Bildung. Heft 6. Bundesinstitut für Berufsbildung, Berlin und Bonn.

Habermas, J. (1985):
Philosophische Diskurs der Moderne. Frankfurt a.M.

Hans-Böckler-Stiftung (Hrsg.) (1990):
Die Rückkehr der Bildungspolitik. In: Die Mitbestimmung. Heft 4.

Harney, K. (1980):
Die preußische Fortbildungsschule. Frankfurt a.M.

Harney, K. (1987):
Die Beziehung zwischen Handwerk und Industrie als dynamisierender Faktor in
der Entstehung des Berufsbildungssystems. Wechselwirkungen von betrieblicher
und außerbetrieblicher Strukturbildung am Beispiel des Hüttenarbeiters. In:
Berufsinstitut für Berufsbildung (Hrsg.): Berufsbildung und Industrie. Zur
Herausbildung industrietypischer Lehrlingsausbildung. Berlin/Bonn.

Harney, K. (1990):
Zum Beginn von Anfang und Ende: Tradition und Kontingenz der
Berufsausbildung am Beispiel schwerindustrieller Betriebsformen. In:
Luhmann, N. u. Schorr, K.E. (Hrsg.): Zwischen Anfang und Ende. Fragen an die
Pädagogik. Frankfurt a.M.

Heimann, K. (1989):
Berufsbildung 2000 - Reformperspektiven bis zur Jahrtausendwende. In:
Gewerkschaftliche Monatshefte 6/89.

Herausforderungen und Perspektiven der Gesundheitsversorgung (1990):
Vorschläge für die Konzertierte Aktion im Gesundheitswesen /
Sachverständigenrat für die Konzertierte Aktion im Gesundheitswesen:
Jahresgutachten. Baden-Baden.

Horx, M. (1989):
Aufstand im Schlaraffenland. Selbsterkenntnisse einer rebellischen Generation.
München/Wien.

Hummel, E. (1986):
Krankenpflege im Umbruch 1876 - 1914. Ein Beitrag zum Problem der
Berufsfindung Krankenpflege. Freiburg.

Illich, I. (1987):
Die Nemesis der Medizin. Reinbek b. Hamburg.

Isensee, J. (1980):
Kirchenautonomie und sozialstaatliche Säkularisierung in der
Krankenpflegeausbildung. Zur Verfassungsmäßigkeit der Erstreckung des
Berufsbildungsmodells auf kirchliche Krankenhäuser. Rechtsgutachten. Freiburg.

Jäckle, R. (1985):
Gegen den Mythos - Ganzheitliche Medizin. Hamburg.

Jordan, J., Krause-Girt, C. (Hrsg.) (1989):
Frankfurter Beiträge zur psychosozialen Medizin. Frankfurt a.M.

Karmaus, W. (1980):
Schicht und Nachtarbeit im Pflegedienst. Düsseldorf.

Kipp, M. (1987):
,,Perfektionierung" der industriellen Berufsausbildung im Dritten Reich. In:
Berufsinstitut für Berufsbildung (Hg.): Berufsausbildung und Industrie.
Berlin/Bonn.

82

Kipp, M. (Hrsg.) (1991):
Schlüsselqualifikationen in der beruflichen Rehabilitation. Hochschule und
berufliche Bildung, Bd. 17. Alsbach/Bergstraße.

Koch, R., Klopffleisch, R., Maywald, A. (1986):
Die Gesundheit der Nation. Eine Bestandsaufnahme - Karten, Analysen,
Empfehlungen. Köln.

Köhle, K., Joraschky, P. (1986):
Die Institutionalisierung der psychosomatischen Medizin. In: Uexküll, Th. v.
(Hrsg.): Lehrbuch der psychosomatischen Medizin. 3. Aufl.
München/Wien/Baltimore.

Kruse, A.P. (1978):
Die Krankenpflegeausbildung in ihrer unklaren Stellung zwischen dualer
Ausbildung und Berufsfachschule und die Bestrebungen um eine Integration in das
Bildungswesen der Sekundarstufe II. In: Deutsche Krankenpflegezeitschrift,
Beilage, 9, 10, 11, 12. Stuttgart.

Kruse, A.P. (1987):
Die Krankenpflegeausbildung seit der Mitte des 19. Jahrhunderts. Stuttgart.

Kuczynski, J. (1981):
Geschichte des Alltags des deutschen Volkes. Bd. 4: 1871-1918. Köln.

Labisch, A., Spree, R. (Hrsg.) (1989):
Medizinische Deutungsmacht im sozialen Wandel. Bonn.

Luhmann, N., Schorr, K.E. (1979):
Reflexionsprobleme im Erziehungssystem. Stuttgart.

Markovits, A.S., Hess, A. (1991):
Intellektuelle und Gewerkschaften in der Bundesrepublik (1945-1989). In:
Gewerkschaftliche Monatshefte 8/91.

Meifort, B. (1980):
Die Regelungssituation in der Aus- und Weiterbildung zu nicht-ärztlichen
Gesundheitsberufen. In: Berufsbildung in Wissenschaft und Praxis (BWP), H. 4.

Meifort, B. (1985):
Strukturen und Entwicklung im Berufsfeld „Gesundheit". In: Greinert, W.-D.
(Hrsg.): Lernorte der beruflichen Bildung. Frankfurt a.M./New York.

Meifort, B. (1988):
Berufliche Diskriminierung von Frauen in „Frauenberufen": Das Beispiel
Gesundheitsberufe. In: Berufsbildung in Wissenschaft und Praxis (BWP), H. 3.

Meifort, B. (1990):
Veränderungen in der Altersstruktur der Bevölkerung: Herausforderung zur
Neuordnung sozialpflegerischer Berufe. In: Berufsbildung in Wissenschaft und
Praxis, H. 3, Mai 1990.

Meifort, B., Paulini, H. (1984):
Analyse beruflicher Bildungsinhalte und Anforderungsstrukturen bei ausgewählten nicht-ärztlichen Gesundheitsberufen. In: BIBB (Hg.): Berichte zur beruflichen Bildung, H. 76. Berlin.

Menger, I. (1979):
Diskussion um die Neuordnung der Ausbildung in den Pflegeberufen. Erfahrungen mit der Anwendung des Berufsbildungsgesetzes in der Krankenpflege. In: Deutsche Krankenpflegezeitschrift 4/79, S. 215-217.

Mergner, M. (1990):
Arbeitsbelastungen in der Krankenpflege, oberflächlicher Konsens, begrenztes Wissen und unzulängliche Veränderungen. In: Argument Sonderband 190.

Ministerium für Gesundheitswesen (Hrsg.):
Aus- und Weiterbildung der mittleren medizinischen Fachkräfte. Band 4. Berlin/DDR. (1977)

Mischo-Kelling, M. (1989):
Pflegenotstand Bildungsnotstand! In: Demokratisches Gesundheitswesen (dg) Nr. 7-8. Köln.

Modellversuch - Der Präsident der FU Berlin (Hrsg.) (1982):
Entwicklung und Erprobung eines dreijährigen Studienganges für Lehrkräfte an Lehranstalten für Medizinalfachberufe. Abschlußbericht. Berlin (West).

Muth, W. (1985):
Berufsausbildung in der Weimarer Republik. Stuttgart.

Negt, O. (1972):
Soziologische Phantasie und exemplarisches Lernen. Zur Theorie der Arbeiterbildung. 3. Aufl. Frankfurt a.M.

O'Neill, P. (1984):
Gesundheit 2000. Krise und Hoffnung. Regionalbüro für Europa der WHO (Hrsg.). Berlin.

Ostner, I., Beck-Gernsheim, E. (1979):
Mitmenschlichkeit als Beruf. Eine Analyse des Alltags in der Krankenpflege. Frankfurt a.M./New York.

Ostner, I., Krutwa-Schott, A. (1981):
Krankenpflege - ein Frauenberuf? Frankfurt a.M./New York.

ÖTV (Hrsg.) (1985):
Die Ausbildung im Gesundheitswesen von A-Z. Juli 1985. Stuttgart.

ÖTV (Hrsg.) (1986):
Das neue Recht der Ausbildung für die Berufe in der Krankenpflege und Geburtshilfe. Juni 1986. Stuttgart.

ÖTV (Hrsg.) (1986):
Manteltarifvertrag für Auszubildende in der Krankenpflege und Geburtshilfe - Erläuterungen der Gewerkschaft ÖTV. August 1986. Stuttgart.

ÖTV (Hrsg.) (1986):
Inhaltliche Gestaltung der praktischen Ausbildung in der Krankenpflege - Vorschläge der Gewerkschaft ÖTV - Muster einer Dienstvereinbarung für die Ausbildung. November 1986. Stuttgart.

ÖTV (Hrsg.) (1989):
Pflege in Not, wir handeln. Erfolgreicher Tarifabschluß für die Angestellten in der Kranken-, Altenpflege und Geburtshilfe. August 1989. Reutlingen/Stuttgart.

ÖTV-Hauptvorstand (Hrsg.) (1976):
Arbeitshilfe zur Anwendung des Berufsbildungsgesetzes bei der Ausbildung in der Krankenpflege. September 1976. Stuttgart.

Peretzki-Leid, U. (1989):
Gewerkschaft ÖTV startet Offensive für mehr Pflegequalität. Dem Pflegenotstand jetzt die Spitze nehmen. In: ÖTV-Report Soziales und Gesundheit. September 1989. Stuttgart.

Peretzki-Leid, U. et al. (1986):
Gesundheit ist keine Ware - Arbeiten im Krankenhaus. Hamburg.

Pinding, M. (Hrsg.) (1972):
Krankenpflege in unserer Gesellschaft. Stuttgart.

Pinding, Münstermann, Kirchlechner (1975):
Berufssituation und Mobilität in der Krankenpflege. Ergebnisse einer empirischen Untersuchung. Schriftenreihe des BMF/FG, Bd. 22. Stuttgart.

Projektgruppe Bildungsbericht (Hrsg.) (1980):
Bildung in der Bundesrepublik Deutschland. Daten und Analysen. 2 Bde. Reinbek b. Hamburg.

Raspe, H.H. (1983):
Aufklärung und Information im Krankenhaus. Göttingen.

Rohde, J.J. (1973):
Strukturelle Momente der Inhumanität einer humanen Institution. In: Döhner, O. (Hg.): Arzt und Patient in der Industriegesellschaft. Frankfurt a.M.

Rohde, J.J. (1974):
Soziologie des Krankenhauses. Stuttgart.

Schär, W., Kühne, K.-D., Heusinger, H. (1982):
Zur Ausbildung von Lehrern und leitenden Kadern für die Krankenpflege. In: Heilberufe 34 (1982), Heft 3. Berlin/DDR.

Schicke, H. u. Steinhauer, R. (1990):
Heilen, Dienen, Pflege - Zur Geschichte eines Frauenberufs. In: Deutsche Krankenpflegezeitschrift, Beilage 3/1990.

Schmidbauer, W. (1977):
Die hilflosen Helfer. Reinbek b. Hamburg.

Schmidbauer, W. (1983):
Helfen als Beruf. Reinbek b. Hamburg.

Schmidt-Hackenberg, B. und Höpke, I. (1990):
Neue Ausbildungsmethoden in der betrieblichen Berufsausbildung. Ergebnisse aus
Modellversuchen. Bundesinstitut für Berufsbildung (Hrsg.). Berlin/Bonn.

Schneider, A. (1980):
Nochmals: Die Anwendung des BBiG auf die Ausbildung in der
(Kinder)Krankenpflege. In: Deutsche Krankenpflegezeitschrift, H. 11, Juristische
Kommentare, S. 911.

Schulz, E., Siebert, H. (Hrsg.) (1986):
Stand und Aufgaben der empirischen Forschung zur Erwachsenenbildung.
Universität Bremen, Tagungsbericht Nr. 14. Bremen.

Spree, R. (1981):
Soziale Ungleichheit vor Krankheit und Tod. Zur Sozialgeschichte des
Gesundheitsbereiches im deutschen Kaiserreich. Göttingen.

Steppe, H. (1988):
Dienen ohne Ende. In: Pflege Nr. 1. Bern.

Steppe, H. (1990):
Das Selbstverständnis der Krankenpflege. In: Deutsche Krankenpflegezeitschrift,
H. 5, Beilage. Stuttgart.

Steppe, H. et al. (1991):
Krankenpflege im Nationalsozialismus. Frankfurt a.M.

Stratmann, K.W. u. Schlösser, M. (1990):
Das duale System der Berufsbildung - Eine historische Analyse seiner
Reformdebatten. Frankfurt a.M.

Uexküll, Th. v., Wesiack, W. (1988):
Theorie der Humanmedizin. Grundlage ärztlichen Denkens und Handelns.
München/Wien/Baltimore.

Volkholz, V. (1973):
Krankenschwestern, Krankenhaus, Gesundheitssystem. Stuttgart.

Wanner, B. (1987):
Lehrer zweiter Klasse. Historische Begründung und Perspektiven der
Qualifizierung von Krankenpflegelehrkräften. Frankfurt a.M./ Bern/New York.

Watzlawick, P. (1985):
Menschliche Kommunikation: Formen; Störungen; Paradoxien. 7. Aufl.
Bern/Stuttgart/Wien.

Weber, R. (1986):
Berufsbildungsgesetz und Berufsbildungsförderungsgesetz mit Erläuterungen.
Bergisch-Gladbach.

Weichler, K. (1987): Arbeitsfeld Gesundheit. Der Schlüssel zu den medizinischen Berufen. Reinbek b. Hamburg.

Weißbrot-Frei, H. (1991):
Krankenpflegeausbildung im Dritten Reich. In: Steppe et al.: Krankenpflege im Nationalsozialismus. Frankfurt a.M.

Wilhelmer, B. (1986):
Medizinisch-psychosoziale Basisqualifikation. Zu einem neuen Weiterbildungskonzept der Gewerkschaft ÖTV für Berufe des Sozial- und Gesundheitswesens. In Verhaltenstherapie und psychosoziale Praxis 3/86.

Wissenschaftsrat (1973):
Dreijährige Studiengänge im Gesundheitswesen. Vorschläge für Modellversuche. Bonn.

Wolff, H.-P. (1990):
Medizinpädagogen in der DDR - Medizinpädagogen in Deutschland? Unveröffentl. Manuskript. Berlin-Ost.

FRAGEBOGEN
ZUR STRUKTUR DER AUSBILDUNGSGESTALTUNG
IN DEN PFLEGEBERUFEN

- Zutreffendes ankreuzen oder unterstreichen -

1. Rahmenbedingungen

Wir bilden aus:

O   Krankenschwestern/pfleger
O   Kinderkrankenschwestern/pfleger
O   KrankenpflegehelferInnen

weitere Berufe: ....

Der Ausbildungsträger ist:

O   ein kommunales Krankenhaus
O   ein frei gemeinnütziges Krankenhaus
O   eine Universitätsklinik
O   ein psychiatrisches Krankenhaus
O   ein privates Krankenhaus

ein ....

Größe der Ausbildungsstätte/Ausbildungskapazität:

Größe des Krankenhauses:
O   unter 200 Betten   O   unter 30 Ausbildungsplätze
O   200 bis 500 Betten   O   30 bis 70 Ausbildungsplätze
O   500 bis 1000 Betten   O   70 bis 150 Ausbildungsplätze
O   über 1000 Betten   O   über 150 Ausbildungsplätze

Anzahl der Lehrkräfte an der Ausbildungsstätte:

hauptberuflich .... davon .... Unterrichtsschwestern/pfleger

nebenberuflich .... davon   O   Ärzte
                                 O   Psychologen
                                 O   Naturwissenschaftler

                                 O   ....

                                 O   ....

- 1 -

Wer leitet die Schule?

O Unterrichtsschwester/pfleger
O Ärztin und Unterrichtsschwester/pfleger
O Unterrichtsschwester/pfleger und Pflegedienstleitung

Ist die Ausbildungsstätte einer bestimmten berufsethischen Orientierung besonders zugewandt?

O christlich/caritativ (z.B. kirchl. Berufsverb. oder RotKreuz-Schwesternschaft)
O berufsständisch (z.b. DBFK)
O gewerkschaftlich (z.b. ÖTV)

O ....

Gibt es aufgrund der Rahmenbedingungen Erscheinungen, die Ihnen wichtig sind und die durch die bisherigen Punkte nicht abgefragt wurden?

....

....

2. Ausbildungsgestaltung

Ausbildungsplanung

Wie ist die sachliche und zeitliche Gliederung der Ausbildung organisiert?

O Es existiert ein Rahmenlehrplan für die gesamte Ausbildung
O Es existiert ein Ausbildungsplan für jeweils ein Ausbildungsjahr
O Es existiert ein Ausbildungsplan für jeden Einzelnen über die gesamte Ausbildungszeit von Beginn an,
O Es existiert ein Ausbildungsplan über einen Zeitraum von mehreren Wochen bzw. Monaten
O Der Ausbildungsplan wird an aktuellen Anforderungen orientiert

                              - Mehrfachnennungen möglich -
Gibt es Ausbilder?

O Jede Station hat einen Ausbilder mit einschlägiger Ausbildung
O Jede Station hat einen Ausbilder ohne einschlägige Ausbildung
O Einige Stationen haben einen Ausbilder
O Keine Station hat einen Ausbilder

Gibt es Ausbildungsberater?

O Es gibt einen Ausbildungsberater
O Es gibt mehrere Ausbildungsberater

Gibt es für die praktische Ausbildung zuständige Personen mit anderen Bezeichnungen als Ausbilder, z.B. Tutoren, Mentoren, Praxisanleiter?

Wenn ja, wieviele dieser Personen sind vorhanden? ....

Haben diese Personen eine spezifische Ausbildung?   Ja/nein/teils

Zum Ausbildungseinsatz der SchülerInnen
Umfang der Nachtwachen .... Std.

Die SchülerInnen sind in den Schicht- und Wochenenddienst integriert?   Ja/nein

Existiert eine Ausbildungs- (Schul)station?   Ja/nein

Findet praktischer Unterricht im Rahmen der praktischen Ausbildung statt? (Praktischer Unterricht hier verstanden als geplante Unterrichtsveranstaltung in der Praxis)   Ja/nein

Wenn klinischer Unterricht erteilt wird, wer erteilt diesen Unterricht?

O   Krankenpflegekräfte der Station/Abteilungen
O   Unterrichtsschwestern/pfleger
O   Andere
O   Praktische AusbilderInnen

Stehen im Rahmen der praktischen Ausbildung Ausbildungsmedien und -materialien zur Verfügung, z.B. Stationsbibliotheken, anatomische und physiologische Karten etc.?

....

....

Wie gestaltet sich der praktische Einsatz:

Nach dem individuellen Lehrplan der SchülerIn?   Ja/nein
Nach dem Lehrplan, der mit dem Krankenhausträger erarbeitet wurde?   Ja/nein
Nach theoretischen und praktischen Gesichtspunkten?   Ja/nein
Nach dem Bedarf der Praxis?   Ja/nein

                    - Mehrfachnennungen möglich -

Was ist die größte Schwierigkeit bei der Gestaltung der praktischen Ausbildung?

....

....

Welche Lehr- und Lernmittel werden vom Ausbildungsträger gestellt?

Literatur im Umfang von .... DM
Dienstkleidung   Ja/nein
Andere Materialien ....

Umfang der theoretischen Ausbildung:
Wieviele Stunden umfaßt die theoretische Ausbildung:

O   1600
O   1700
O   1800
O   1900
O   2000
O   über 2000

Wieviele Unterrichtsstunden umfaßt in der Regel ein theoretischer Unterrichtstag:

O   5 Unterrichtsstunden
O   6 Unterrichtsstunden
O   7 Unterrichtsstunden
O   8 Unterrichtsstunden
O   mehr als 8 Unterrichtsstunden

Wieviele Minuten umfaßt eine Unterrichtsstunde:

O   45 Minuten
O   60 Minuten

Wie hoch ist in der Regel die wöchentliche Unterrichtszeit während des Blockunterrichts:

O   25 Unterrichtsstunden
O   30 Unterrichtsstunden
O   35 Unterrichtsstunden
O   40 Unterrichtsstunden
O   mehr als 40 Unterrichtsstunden

Wie ist die Organisation des Stundenplans:

Wird gestaltet nach:
O   dem theoretischen Ausbildungsplan
O   der zeitlichen Verfügbarkeit der Lehrkräfte

Was ist die größte Schwierigkeit bei der Gestaltung der theoretischen Ausbildung?

....

....

Prüfungen/Leistungsmessungen

Finden Zwischenprüfungen statt?   Ja/nein
Werden Arbeiten mit Benotung geschrieben?   Ja/nein
Wird eine sogenannte Vornote ermittelt?   Ja/nein
Erhält die Schülerin freie Zeit zur Prüfungsvorbereitung?   Ja/nein

Wenn ja, in welchem Umfang? ....

Wieviele SchülerInnen haben in den letzten drei Jahren in der Probezeit die Ausbildung
verlassen? ....

O   Kündigung von seiten der Schule ....

O   Kündigung von seiten der SchülerInnen ....

Zu welchem Zeitpunkt fanden an Ihrer Schule in den letzten drei Jahren die Prüfungen
statt:
O   direkt am Ende der Ausbildung
O   eine Woche vor Ausbildungsende
O   zwei Wochen vor Ausbildungsende
O   drei Wochen vor Ausbildungsende
O   vier Wochen vor Ausbildungsende
O   mehr als vier Wochen vor Ausbildungsende

Nehmen Vertreter des Personal- bzw. Betriebsrats an den Prüfungen teil?   Ja/nein

Nehmen Vertreter teil, die die Interessen der Prüflinge wahren und von diesen selbst benannt werden?   Ja/nein

Wo sehen Sie im Rahmen der Prüfung die meisten Probleme?

....

....

3.   **Fragen zum Vergleich der Ausbildungssituation vor 1985 (altes Gesetz) und nach
     1985 (neues Gesetz)**

Probezeit

Wie lange war die Probezeit bis 1985?

O   1 Monat
O   3 Monate
O   mehr als 3 Monate

Prüfung
Wurde vor 1985 nach der Prüfung sofort KR 3 bezahlt?   Ja/nein

Fehlzeitenregelung
Wie wurde die Fehlzeitenregelung bis 1985 gehandhabt?

....

Wie wird die Fehlzeitenregelung seit 1985 gehandhabt?

....

Umfang der theoretischen Ausbildung:

bis 1985 .... Stunden

seit 1985 .... Stunden

4. Persönliche Fragen/Meinungen

Sind Sie mit dem neuen Krankenpflegegesetz von 1985 zufrieden?

überwiegend ja, Begründung: ....

....

überwiegend nein, Begründung: ....

....

Welche Forderungen und Wünsche betreffs der Ausbildungsgestaltung haben Sie?

....

....

Wie würden Sie es beurteilen, wenn die Ausbildung nach dem Berufsbildungsgesetz (BBiG, duales System) geregelt wäre?

Überwiegend positiv, Begründung: ....

....

Überwiegend negativ, Begründung: ....

....

Wie würden Sie es beurteilen, wenn die Ausbildung gemäß den Schulgesetzen der Länder geregelt wäre?

Überwiegend positiv, Begründung: ....

....

Überwiegend negativ, Begründung: ....

....

Fühlen/empfinden Sie sich als Unterrichtsschwester/pfleger eher als Lehrer, eher als Krankenschwester/pfleger, teils, teils?

....

Wie würden Sie die Ausbildung/Weiterbildung zu Unterrichtsschwester/pfleger zukünftig gestalten wollen?

....

....

Wie sehen Sie Ihren Status als Unterrichtsschwester/pfleger im Krankenhaus (Gesundheitswesen)?

....

Wie sehen Sie Ihren Status als Unterrichtsschwester/pfleger als Lehrer (Bildungswesen)?

....

Anmerkung: Je vollständiger Sie den Fragebogen ausfüllen, desto besser. Jedoch ist eine teilweise Beantwortung der Fragen besser als gar keine! Ich bedanke mich herzlich.

Mabuse-Verlag Wissenschaft

In unserer Reihe **Mabuse-Verlag Wissenschaft** veröffentlichen wir interessante wissenschaftliche Arbeiten und Dissertationen aus den Gebieten:

- Kranken- und Altenpflege,
- Frauen und Gesundheit,
- Geschichte der Medizin,
- Medizinsoziologie,
- Psychotherapie, Psychiatrie,
- und zu anderen Themen aus dem Bereich Gesundheit und Politik.

Mit unserer Wissenschaftsreihe geben wir Autorinnen und Autoren die Möglichkeit, ihre Arbeiten der Öffentlichkeit vorzustellen.

Wir bieten Ihnen individuelle verlegerische Betreuung vom Satz bis zum Vertrieb.

Unser Angebot in Kürze:

- individuelle Betreuung
- Bekanntmachung Ihrer Arbeit durch umfassende Bibliographierung, Versand von Rezensionexemplaren und Prospekten, Werbung in eigenen und zielgruppenbezogenen Medien
- Satz und Qualitätsdruck
- angemessene Ladenpreise
- Einführung als Autorin/Autor
- niedrige Herstellungskosten

Bei Interesse fordern Sie bitte unser Informationsmaterial an.

Mabuse-Verlag • Postfach 90 06 47 • 60446 Frankfurt a. M. • Tel.: 069/70 50 53

Mabuse-Verlag Wissenschaft

Thomas Elkeles

Arbeitsorganisation in der Krankenpflege
– Zur Kritik der Funktionspflege

Inhaltliche und zeitliche Dimensionen pflegerischer Arbeitsprozesse werden dargelegt und das arbeitsteilige Prinzip der Funktionspflege einer Kritik unterzogen. Die empirische Untersuchung wertet Gruppendiskussionen mit 77 erfahrenen Pflegekräften verschiedener Krankenhäuser aus und vergleicht eine Ganzheitspflegestation mit einer Funktionspflegestation.

» ... hochinteressant, geradezu eine Pflichtlektüre für alle Stations-, Abteilungs- und Pflegedienstleistungen ...« (Deutsche Krankenpflege-Zeitschrift)

4. Auflage, 396 Seiten, 48 DM, ISBN 3-925499-41-5, Band 1

Johanna Taubert

Pflege auf dem Weg zu einem neuen Selbstverständnis
– Berufliche Entwicklung zwischen Diakonie und Patientenorientierung

Johanna Taubert arbeitet in ihrer Dissertation die geschichtlichen Grundlagen des beruflichen Selbstverständnisses und den Einfluß der Kirche auf. Sie verweist auf die patientenorientierte Krankenpflege als Weg zu einer neuen Identität in der Pflege und benennt Punkte für neue Formen der Fortbildung.

»Dieses Buch sei daher allen dringend zur Lektüre empfohlen, die als Organisatoren, Träger oder Empfänger pflegerischer Bildungsmaßnahmen in Frage kommen.« (Deutsche Krankenpflege-Zeitschrift)

2. Auflage, 229 Seiten, 44 DM, ISBN 3-925499-59-8, Band 6

Klaus-Dieter Neander u.a.

Die Zukunft braucht Pflege
– Eine qualitative Studie über die Belastungswahrnehmungen beim Pflegepersonal

Die Autorengruppe, die diese Forschungsarbeit verfasste, stellt bisherige Untersuchungen zum Thema vor. Aufgrund eigener Erfahrungen postuliert und belegt sie die Hypothese, daß die Wahrnehmung beruflicher Belastungsfaktoren dynamisch ist und sich im Verlauf der beruflichen Sozialisation ändert. Die Autoren schließen ihre Arbeit mit Vorschlägen zur Verbesserung der Arbeitsbedingungen in der Pflege ab.

»Das Buch eignet sich für Pflegepersonen, die sich in das Gebiet der Stressforschung in der Pflege vertiefen möchten.« (Krankenpflege, Bern)

2. Auflage, 150 Seiten, 25 DM, ISBN 3-925499-67-9, Band 7

Mabuse-Verlag ● Postfach 90 06 47 ● 60446 Frankfurt/M. ● Tel.: 069 / 70 50 53

Mabuse-Verlag Wissenschaft

Gabi Overlander

Die Last des Mitfühlens

Aspekte der Gefühlsregulierung in sozialen Berufen am Beispiel der Krankenpflege

Die andauernde Konfrontation mit den Leiden, den Ängsten und Nöten der Kranken ist für die Pflegenden ebenso ein Teil ihres beruflichen Alltags wie auch das Durchbrechen von gesellschaftlichen Tabubereichen bei den zahlreichen körpernahen Tätigkeiten. Hauptschwerpunkte der Untersuchung, die anhand von Krankenpflegelehrbüchern des 20. Jahrhunderts vorgenommen wurde, sind das Verhalten und die Selbstkontrolle in Situationen, in denen Scham-, Peinlichkeits- und Ekelgefühle sowie Aggressionen entstehen und in denen dennoch Selbstbeherrschung, Empathie und rollenkonformes Verhalten gefordert werden. Mitfühlen in all diesen Situationen ist außerordentlich fest im beruflichen Selbstverständnis der Pflegenden verankert, so daß hierdurch eine subtile Art der andauernden emotionalen Last entsteht.

160 Seiten, 29 DM, ISBN 3-925499-90-3, Band 14

Christa Hüper

Schmerz als Krankheit

Die kulturelle Deutung des chronischen Schmerzes und die politische Bedeutung seiner Behandlung

Chronischer Schmerz war bis vor wenigen Jahren ein Stiefkind der Medizin. Obwohl sich dies geändert hat, erleben immer noch viele Menschen mit andauernden oder wiederkehrenden Schmerzen ihr Leiden als Resultat mißglückter medizinischer Behandlungsversuche.

Dieses Buch zeichnet ein genaues Bild von Menschen mit chronischen Schmerzen. Dabei steht die Person im Mittelpunkt, statt dem üblicherweise untersuchten entsubjektivierten Labor- oder Klinikschmerz. So wird es möglich

- die medizinische Deutungsmacht des Schmerzes als mitverantwortlich für seine Entsubjektivierung zu begreifen,
- ätiologische Momente der Schmerzchronifizierung neu zu verstehen,
- die Schmerztheorien und Schmerztherapien in ihren Deutungs- und Handlungsmustern zu erkennen und
- für notwendige gesundheitspolitische Veränderungen Kooperation als therapeutisches und arbeitsorganisatorisches Prinzip für den selbstbestimmten und gesundheitsfördernden Umgang mit Schmerz zu entwickeln.

322 Seiten, 48 DM, ISBN 3-925499-85-7, Band 12

Mabuse-Verlag ● Postfach 90 06 47 ● 60446 Frankfurt/M. ● Tel.: 069 / 70 50 53

KRANKENPFLEGE IM
NATIONALSOZIALISMUS

7. Auflage völlig überarbeitet und erweitert

»Mit Tränen in den Augen zogen wir dann die Spritzen auf ...«

Krankenschwestern und -pfleger beleuchten in diesem Buch die lange tabuisierte Rolle ihrer Berufsgruppe im Dritten Reich. Belegt wird die Einbindung der Krankenpflege in das nationalsozialistische Gesundheitswesen bis hin zur Beteiligung an Massenmorden in psychiatrischen Kliniken.

Mit zahlreichen Quellenmaterialien, einer ausführlichen Zeittafel sowie vielen Bildern und Tabellen.

»Das Buch sollte fester Bestandteil im Unterrichtsplan zur Krankenpflege sein.« (ÖTV-Gesundheits- und Sozialreport)

7. völlig überarbeitete Auflage, 1993
Hilde Steppe (Hrsg.): Krankenpflege im Nationalsozialismus
ca. 250 Seiten, 29,80 DM, ISBN 3-925499-35-0.

Mabuse Verlag, Postfach 90 06 47, 60446 Frankfurt/Main